F

30076

TRAITÉ

DES DROITS

SEIGNEURIAUX,

ET

DES MATIERES

FEODALES.

Par M. de *BOUTARIC*, Professeur de Droit François en l'Université de Toulouse, & Avocat en Parlement.

Se vend

A TOULOUSE,

Chez {
GASPARD HENAULT, Imprimeur Libraire, ruë des Changes.
ET
FOREST, près Saint Rome.

M. DCC. XLV.
Avec Approbation & Privilege du Roi.

TABLE

Des Chapitres contenus dans le préfent Livre.

ã ij

TABLE DES CHAPITRES :

DEUXIE'ME PARTIE.

TABLE DES CHAPITRES.

TROISIE'ME PARTIE.

TABLE DES CHAPITRES.

Fin de la Table des Chapitres.

PRIVILEGE DU ROY.

LOUIS, par la grace de Dieu, Roi de France &
de Navarre : A nos amés & féaux Conseillers les
Gens tenans nos Cours de Parlement , Maître des
Requêtes ordinaire de notre Hôtel , Grand Conseil,
Prévôt de Paris, Baillifs , Sénéchaux , leurs Lieute-
nans Civils , & autres Justiciers qu'il appartiendra,
SALUT. Notre bien-amé JEAN-FRANÇOIS FOREST,
Libraire à Toulouse, nous ayant fait remontrer qu'il
souhaiteroit faire imprimer & donner au Public *L'Explication de l'Ordonnance de 1673. concernant le Commerce ;
Traité des Droits Seigneuriaux & des Matieres Feodales ;
Explication de l'Ordonnance de Blois ; Traité des Matieres
Beneficiales, Par Me. de* BOUTARIC, *Professeur en
notre ville de Toulouse,* s'il nous plaisoit lui accorder
nos Lettres de Privilege sur ce necessaires , offrant
pour cet effet de les faire imprimer en bon papier &
beaux caracteres, suivant la feüille imprimée & attachée pour modéle sous le Contre-Scel des Présentes:
A ces Causes , voulant favorablement traiter ledit Exposant ; Nous lui avons permis & permettons par ces
Présentes de faire imprimer lesd. Ouvrages ci-dessus
specifiés en un ou plusieurs Volumes conjointement ou
séparement , & autant de fois que bon lui semblera , &
de les vendre, faire vendre , & débiter par tout notre
Royaume , pendant le tems de neuf années consecutives,
à compter du jour de la datte desdites Présentes. Faisons
défenses à toute sorte de Personnes de quelque qualité
& condition qu'elles soient , d'en introduire d'impression étrangere dans aucun Lieu de notre obéïssance.
Comme aussi à tous Libraires & Imprimeurs , & autres , d'imprimer , faire imprimer , vendre , faire vendre, debiter ni contrefaire lesdits Ouvrages ci-dessus
exposez, en tout ni en partie, ni d'en faire aucuns
Extraits sous quelque prétexte que ce soit, d'augmen-
tation , correction , changement de Titre ou autrement ,
sans la permission expresse & par écrit dud. Exposant ou
de ceux qui auront droit de lui , à peine de confiscation
des Exemplaires contrefaits , de trois mille livres d'a-
mende contre chacun des contrevenans , dont un tiers à

Nous, un tiers à l'Hôtel-Dieu de Paris, l'autre tiers audit Exposant, & de tous depens, dommages & intérêts. A la charge que ces Présentes seront enregistrées tout au long, sur le Registre de la Communauté des Libraires & Imprimeurs de Paris, dans trois mois de la datte d'icelles. Que l'impression desd. Ouvrages sera faite dans notre Royaume, & non ailleurs, & que l'Impetrant se conformera en tout aux Reglemens de la Librairie, & notamment à celui du 10. Avril 1725. Et qu'avant que de les exposer en vente, les Manuscrits ou Imprimés qui auront servi de copie à l'impression desdits Ouvrages, seront remis dans le même état où les Aprobations y auront été données, és mains de notre trèscher, & féal Chevalier le Sieur Daguesseau Chancelier de France, Commandeur de nos Ordres; & qu'il en sera ensuite remis deux Exemplaires dans notre Bibliotheque publique, un dans celle de notre Château du Louvre, & un dans celle de notre très-cher & féal Chevalier le Sieur Daguesseau Chancelier de France, Commandeur des nos Ordres, le tout à peine de nullité des Présentes. Du contenu desquelles vous mandons & enjoignons, de faire joüir l'Exposant ou ses ayant cause, pleinement & paisiblement, sans souffrir qu'il lui soit fait aucun trouble ou empêchement : Voulons que la Copie desd. Presentes, qui sera imprimée tout au long au commencement ou à la fin des Ouvrages, foi soit ajoûtée comme à l'Original. Commandons au premier notre Huissier ou Sergent, &c. DONNÉ à Versailles le 11. jour de Decembre, l'An de Grace 1739. & de notre Regne le vingt-cinquiéme. Par le Roi en son Conseil. Signé, SAINSON.

Registré sur le Registre X. de la Chambre Royale des Libraires & Imprimeurs de Paris, N°. 318. fol. 303. conformément aux anciens Reglemens, confirmés par celui du 28. Février 1723. A Paris, le 15. Decembre 1739.

SAUGRIN, *Syndic.*

TRAITÉ

DES

DROITS SEIGNEURIAUX,

ET DES

MATIERES FÉODALES.

POUR traiter cette matiere avec quelque ordre, nous diſtinguerons les Droits dûs au Seigneur à raiſon de la Juſtice, de ceux qui lui ſont dûs à raiſon du Fief ou de la Directe. Diſtinction neceſſaire, non-ſeulement parce que ces Droits ſont très-differens les uns des autres, mais parce qu'ils ſont dûs ſouvent dans un même lieu, à des diffentes perſonnes ; ce qui a donné lieu à la Maxime dont parle M. Loyſel en ſes Inſtitutions

A

Coûtumieres, Liv. 4. Tit. 3. (*Fief & Justi-*
ce n'ont rien de commun ;) Il sera donc parlé
dans la premiere Partie de ce Traité des
Droits dûs au Seigneur Justicier par ses Justiciables. Nous parlerons dans la seconde
Partie des Droits dûs au Seigneur Féodal
par son Vassal. Et dans la troisiéme , des
Droits dûs au Seigneur Directe par ses Emphitéotes.

PREMIERE PARTIE.

De la Justice & des Droits qui en dépendent.

TOutes les Jurisdictions du Royaume émanent du Roi comme de leur source; *In eo*, dit Dumoulin, *omnes thezauri dignitatum reconditi sunt, & ab eo velut à fonte omnes Jurisdictiones procedunt sicut omnia flumina per meatus terræ fluunt & ad mare refluunt, &c.* De maniere, ajoûte le même Auteur, qu'aucun Seigneur en France n'a de Droit commun la Justice en son Fief, Terre ou Seigneurie, sans un Titre particulier; c'est-à-dire, sans une Concession du Roi justifiée par écrit, ou présumée par des Actes de foi & hommage, par des aveûs & dénombremens, ou par une possession immemoriale prouvée non par témoins; car les Arrêts sur cette matiere ont rejetté la preuve vocale, mais par des Procedures & Actes judiciaires. Bacquet, des Droits de Justice, chap. 5. Catellan, Liv. 3. chap. 2.

On divife communement la Juftice des
Seigneurs , en Juftice Haute, Moyenne &
Baffe, *Loyfeau, Traité des Seigneuries,Chap.*
10. cherche à trouver quelque reffemblan-
ce de ces trois differentes efpeces de Juftice , à ce que le Droit Romain , *L. 3. ff. de*
Jurifdictione appelle *Meram , imperium ,*
mixtum imperium & Jurifdictio; mais quoiqu'il en foit , il nous fuffit d'obferver que
par la plûpart des Coûtumes du Royaume
les Droits de la Moyenne & Baffe Juftice
confiftent uniquement ; fçavoir , ceux de la
Baffe à connoître des Caufes Civiles jufqu'à trois livres , & ceux de la Moyenne à
connoître de toutes Caufes Civiles fans diftinction, & des Criminelles lorfque l'amende n'excede pas foixante fols , *Loyfeau en*
l'endroit cité , Boiffieu de l'Ufage des Fiefs,
Chap. 57. *Bacquet des Droits de Juftice ,*
Chap. 2.

Le Seigneur Haut-Jufticier connoît feul
des crimes où il échet peine de mort naturelle ou civile , peine afflictive ou infamen-
te: il a ce que les Loix appellent *Poteftas*
Gladii jusanimadvertendi in facinorofos ho-
mines ; mais ce n'eft pas tout , il fuccede en
cette qualité aux Bâtards en certains cas,
& fous certaines conditions : il fuccede encore à ceux qui ne laiffent aucuns heritiers

Testamentaires ou *ab intestat* , c'est à lui que les biens confisqués sont adjugez ainsi que les Epaves & partie des trésors trouvez : il a la proprieté des Rivieres non navigables , le Droit prohibitif de la Chasse, & plusieurs autres avantages dont nous allons traiter séparement. Il y a peu de lieux où le Seigneur Haut - Justicier n'ait aussi la Moyenne & Basse Justice ; & suivant l'Observation de M, *Boissieu de l'Usage des Fiefs* , *chap.* 57. la présumption à cet égard ou le Droit Commun est toûjours pour le Haut-Justicier. *Celui* , dit cet Auteur , *qui a la Haute Justice , est fondé de la Moyenne & de la Basse , & qui a la Moyenne est fondé de la Basse s'il n'y a Titre au contraire ; parce que les Droits de la Moyenne & Basse Justice séparez de la Haute , ont été tirez & éclipsez de celle-ci.*

CHAPITRE PREMIER.

De l'administration ou exercice de la Justice.

LE Seigneur Haut - Justicier peut nommer des Officiers qui rendent la Justice à son nom, & ce Droit lui est commun avec le Justicier Moyen & Bas, chacun pour ce qui le concerne.

Non-seulement le Seigneur peut nommer des Officiers, mais il est encore obligé de le faire ; car les Seigneurs ne peuvent eux-même exercer ou rendre la Justice : ils le pouvoient, & ils le faisoient autrefois, mais ils ne le peuvent plus aujourd'hui ; la cause de ce changement est parfaitement bien expliquée par *Loiseau, Traité des Offices, Liv.* 5. *Chap.* 1. N°. 42. en ces termes : *En la premiere Antiquité les Seigneurs étoient les vrais Juges, aussi n'étoient-ils lors que simples Officiers du Roi ; mais ayant converti leur Office en Seigneurie qui est une espece de Dignité distincte specifiquement de l'Office, comme ils ont pris à eux ce qui appartenoit au Roi, à sçavoir la propriété de la Justice, aussi ils ont*

laiſſé à leurs Juges ce qui étoit de leur an-
cien Office, ſçavoir l'exercice de la Juſtice.

Les Juges des Seigneurs connoiſſent de
toute ſorte de crimes ; il n'y a d'exception
que pour ceux dont l'Ordonnance de 1670.
Tit. I. Art. XI. & XII. attribuë la connoiſſance aux Baillifs & Senéchaux, ou aux
Prévôts & Juges Préſidiaux.

Les Baillifs ou Senéchaux connoiſſent à
l'excluſion des Juges des Seigneurs, ainſi
que des premiers Juges Royaux, du crime
de Leze Majeſté, du Sacrilege avec effraction, de la Rebellion aux Mandemens éma-
nez de Sa Majeſté ou de ſes Officiers, de
la Police pour le port des Armes, des Aſſemblées illicites, ſéditions, émotions populaires, force publique, fabrication, alteration, & expoſition de fauſſe monnoye,
correction des Officiers Royaux, & mal-
verſations par eux commiſes dans leurs
Charges, crimes d'hereſie, trouble public
fait au Service Divin, Rapt & enlevement
des perſonnes par force & violence, &c.

Ces crimes ſont appellés communement
Cas Royaux : ils ſont tels, diſent quelques-
uns de nos Auteurs, parce qu'ils ſont ſi
graves qu'il importe d'en aſſurer la recherche & la punition ; mais ce raiſonnement
eſt faux, & ce qui le prouve évidamment,

A iv

c'eſt qu'il y a des crimes plus graves &
plus énormes que ceux dont nous venons
de parler, & qui cependant ne ſont point
des Cas Royaux ; le crime de Leze - Majeſté divine, le Parricide, &c. ce qui fait le
Cas Royal eſt moins l'énormité du crime,
que les conſequences ou les ſuites du crime
par rapport à l'Etat & au Public ; & on
peut définir en ce ſens le Cas Royal, celui où la Majeſté du Prince, la dignité de
ſes Officiers, la ſûreté & la tranquillité publique, ſe trouvent violées ou intereſſées.

Les Prévôts & les Juges Préſidiaux connoiſſent, à l'excluſion des Juges des Seigneurs & des premiers Juges Royaux, de
tous crimes commis par les Vagabonds,
Gens ſans aveu & ſans domicile, ou qui
ont été condamnez à quelque peine corporelle, baniſſemens, ou amende honorable, des oppreſſions, excès, ou autres
crimes commis par Gens de Guerre, tant
dans leur marche, Lieux d'Etape, que d'aſ-
ſemblée & de ſejour, aſſemblées illicites
avec port d'armes, levée des Gens de guerre ſans commiſſion du Roi, des vols faits
ſur les Grands chemins ; (a) des vols faits
avec effraction, port d'armes, & violence

(a) Les Prévôts ne connoiſſent de ceux-ci que lorſqu'ils
ont été commis hors les Villes de leur réſidence.

publique, des facrileges avec effraction, affaffinats prémeditez, féditions, émotions populaires, fabrication, alteration ou expofition de fauffe monnoye.

Je dis les Prévôts ou les Juges Préfidiaux; parce qu'en effet les Juges Préfidiaux concourent avec les Prévôts; & avec cet avantage même qu'ils connoiffent du crime, quoique le Prévôt ait prévenu & decreté avant eux, pourveu qu'ils ayent decreté le même jour. *Art. XV. du Tit.* I. *de l'Ord. Crim.*

Il y a, comme l'on voit, des cas Royaux qui ne font point mis parmi les cas Prévôtaux; le crime de Leze-Majefté par exemple, les malverfations commifes par les Officiers Royaux en l'exercice de leurs Charges, le crime d'Herefie, le trouble fait au Service Divin, le rapt & enlevement des perfonnes par force & violence; & ce qui paroît contraire à la difpofition des anciennes Ordonnances, c'eft qu'il y a des cas Prévôtaux qui ne font point mis au nombre des Cas Royaux, le vol, par exemple, qui eft fait avec effraction, l'affaffinat prémedité, &c. Contraire, difons-nous, à la difpofition des anciennes Ordonnances qui ne déclaroient aucun Cas Prévôtal fans l'avoir auparavant jugé Cas Royal,

ayant choifi entre les cas dont la connoiffance appartenoit aux Officiers Royaux, à
l'exclufion des Juges des Seigneurs, ceux
qui regardoient particulierement la sûreté
publique, pour en attribuer la connoiffance
aux Prévôts.

Les Prévôts & les Préfidiaux jugent en
dernier reffort, & les Senéchaux jugent
toûjours à la charge de l'appel. *Art. XIV.*

Les Juges des Seigneurs connoiffent des
caufes mêmes des Nobles, tant en matiere
civile qu'en matiere criminelle; & en cela
leur pouvoir eft plus étendu que celui des
premiers Juges Royaux, dont les Nobles
fuivant l'Edit de Cremieu, *& la Declaration
de Compiegne*, ne font point obligez de reconnoître la Jurifdiction.

Par l'Article V. *de l'Edit de Cremieu*,
les Nobles peuvent en premiere Inftance
porter leurs caufes devant les Senéchaux,
fçavoir; les caufes civiles, tant en demandant qu'en défendant, & les criminelles en
défendant feulement; & par la *Declaration
de Compiegne en interprétation de cet Edit* par
le Roi François premier, il eft dit : "Que
,, ce privilege accordé aux Nobles n'aura
,, point lieu au préjudice des Juges des Sei-
,, gneurs, mais feulement des premiers Ju-
,, ges Royaux ; ,, en forte que les Nobles

Jufticiables d'un Seigneur ne peuvent, foit en matiere civile, foit en matiere criminelle, décliner la Jurifdiction du Siége du Seigneur, au lieu que les Nobles jufticiables du Roi peuvent en matiere civile & criminelle décliner la Jurifdiction des premiers Juges Royaux.

Suivant l'Ordonnance de 1670. Tit. 1. Art. 7. & 9. les Senéchaux peuvent prévenir les Juges des Seigneurs lorfque ceux-ci ont negligé d'informer & de decreter dans les vingt-quatre heures, mais ils ne peuvent prévenir les premiers Juges Royaux qu'au cas ils n'ayent informé & decreté dans trois jours après le crime commis ; la difference peut être prife fans doute de ce que la negligence eft moins excufable de la part des Juges des Seigneurs qui peuvent être aifement inftruits des crimes commis dans le Détroit de leur Jurifdiction, moins étenduë ordinairement que celle des Juges Royaux, fi on veut dire encore que la dévolution des Juges des Seigneurs aux Senéchaux fe fait plus naturellement & en moins de tems que celle des premiers Juges Royaux, parce que fuivant l'obfervation de Mrs. les Commiffaires, que nous trouvons dans le Procès verbal des Conferences fur l'Ordonnance de 1670. le Roi ne s'eft pas si fort dépoüillié en faveur des Seigneurs de la proprieté de la Justice, & sur tout de la Justice criminelle, qu'il ne se soit reservé le droit de la faire exercer par les Juges, même par concurrence avec ceux des Seigneurs; raison pour laquelle dans le premier projet de l'Ordonnance, non-seulement les Senéchaux, mais encore les premiers Juges Royaux, pouvoient prévenir les Juges des Seigneurs en informant & decretant le même jour.

On a douté long-tems si le Juge du Seigneur pouvoit connoître des Procès & contestations entre le Seigneur & les Justiciables; mais l'Ordonnance de 1667. au Titre des Recusations des Juges a décidé la Question en ces termes: ,, N'entendons exclure ,, les Juges des Seigneurs de connoître de ,, tout ce qui concerne les Domaines, ,, Droits & Revenus ordinaires ou casuels, ,, tant en fief que roture de la Terre, même ,, des Baux, Sous-baux, & joüissances, cir- ,, constances & dépendances, soit que l'af- ,, faire fût poursuivie sous le nom du Pro- ,, cureur Fiscal ou du Seigneur; & à l'égard ,, des autres actions où le Seigneur sera Par- ,, tie ou interessé, le Juge n'en pourra con- ,, noître.

De ce qui concerne les Domaines, dit

l'Ordonnance , & de-là il naît une autre Queſtion : ſçavoir , ſi le Juge du Seigneur eſt competant lors-même que la propriété de la choſe eſt contentieuſe , & que la qualité de Vaſſal ou d'Emphitéote eſt conteſtée ; ſuivant l'opinion commune on peut decliner en ce cas la Juriſdiction du Seigneur : *Sequitur*, dit Argentré ſur la Coûtume de Bretagne , Art. 45. n°. 9. *ſequitur alia ſpecies cum lis inter duos inſtituitur, & is qui reus eſſet negat ſe Vaſſallum eſſe cum alter contrà intendat , quo caſu putant ordinarii eſſe Juriſdictionem quod verum eſt , ordinarium hic vocant qui extra feudi cauſam Judex eſt litigantium & Juriſdictionem ordinariam habet.*

Bien plus , ſi la conteſtation eſt à raiſon des Droits plus ou moins forts , que le Seigneur par exemple demande une certaine quantité de rente , & que l'Emphitéote ſe plaigne de la ſurcharge , on peut encore en ce cas decliner la Juriſdiction du Juge du Seigneur ; les Arrêts le jugent ainſi tous les jours , & la plûpart des Coûtumes l'ont ainſi expreſſement decidé : celle de Bretagne entre autres , lorſqu'elle dit en l'Art. XXX. ,, Que ſi le Seigneur veut Pré- ,, tendre plus grand devoir lui être dû par ,, ſon Sujet, que le Sujet n'avoüe & re-

,, connoît, icelui Sujet peut décliner la Ju-
,, risdiction de sondit Seigneur, à la Jurif-
,, diction Suzeraine, &c. *Boiffieu de l'usage
des Fiefs, page 449.

Les Jurisdictions, dit on communement,
font patrimoniales en France, & l'effet de
la maxime eft celui-là que le Seigneur peut
vendiquer fes Jufticiables ; c'eft-à-dire,
qu'il ne dépend pas des Jufticiables d'un
Seigneur de fe foumettre à la Jurifdiction
d'un autre Seigneur, pas même d'un Juge
Royal ; & que le Seigneur eft perfonne legitime pour demander le renvoi devant fon
Juge. *Bacquet des Droits de Juftice*, Ch. 8.
Nomb. 7. & 8.

Les Seigneurs ne peuvent deftituer les
Juges qu'ils ont pourvû à titre onereux ;
& on regarde comme pourvûs à titre onereux ceux qui l'ont été en récompenfe
de fervices : on a douté fi la feule énon-
ciation des fervices dans les provifions étoit
fuffifante, & fi elle difpenfoit le Pourvû
d'en faire la preuve ; & cette Queftion a
été toûjours jugée en faveur des Juges contre le Seigneur. Il eft vrai que l'énoncia-
tion des fervices & la difpenfe même de la
preuve ne met pas une donation à couvert
de la revocation introduite par la Loi *fi unquam*, & qu'il faut que le Donataire prou-

ve qu'il a reçû des services réels & essentiels qui valoient la chose donnée en récompense, comme l'a observé M. de *Catellan*, *Liv.* 3. *Ch.* 39. *pag.* 527. Mais il s'en faut bien que la destitution des Officiers soit aussi favorable que la revocation de la donation dans le cas de la survenance des Enfans.

CHAPITRE II.

DE LA CONFISCATION.

PAR l'ancien Droit Romain, on ne condamnoit jamais à une peine capitale qu'on ne confisquât en même - tems tous les biens du Condamné ; les Empereurs *Valentinien & Théodose*, par la Loi 10. *Cod. de bonis præscriptorum & damnatorum*, ordonnerent qu'on laissât aux Enfans du Condamné la moitié des biens, *dimidia tantum parte æreris vindicata* ; & Justinien passa encore plus avant, car par sa Novelle 134. d'où a été prise l'Autentique *bona damnatorum* au même Titre du Code, il ordonna que l'entiere succession fût laissée, non-seulement aux Enfans du Condamné, mais encore à tous autres Successeurs *ab intestat*, soit en ligne directe ou collaterale jusqu'au troisiéme degré inclusivement. Cet Empe-reur n'exceptant que le crime de Leze-Ma-jesté, *in majestatis crimine veteres leges serva-ri jubemus*, *&c.*

On s'est conformé dans presque toutes les Provinces du Royaume à la disposition de l'ancien Droit, *M. Loysel en ses Insti-tutions Coûtumieres*, *Liv. 6. Tit. 2. Art. 19.* propose comme une regle & une maxime du Droit François, que *qui confisque le corps confisque les biens*, Coûtume de Paris Art. 183. C'est-à-dire, qu'on ne peut condam-ner à mort sans confisquer en même-tems tous les biens du Condamné, ou pour mieux dire, que les biens d'un Condamné à mort sont toûjours confisquez, soit que le Jugement de condamnation l'ordonne, ou qu'il ne l'ordonne pas.

Je dis dans presque toutes les Provinces du Royaume, parce qu'en effet il y en a dont les Coûtumes n'admettent point du tout la confiscation, & qui appellent les parens du Condamné en quelque dégré qu'ils se trouvent : il y en a où la confis-cation n'a lieu que pour certains crimes; & il y en a enfin où la confiscation a lieu seulement pour les meubles & non pour les immeubles : ,, Qui confisque le corps, dit

la

la Coûtume de Poitou, Art. 200. ,, ne con-
,, fisque les biens immeubles, mais seule-
,, ment les meubles, fors & excepté en
,, cas de crime de Leze - Majesté Divine ou
,, humaine, &c.

Confiscation de biens, dit la Coûtume
de Berry, Tit. 2. Art. 1. ,, n'a lieu sinon en
,, crime de Leze-Majesté humaine au pre-
,, mier chef, comme de conspiration contre
,, la Personne du Prince, ou son Royaume ;
,, & en tous autres crimes, les biens des
,, Délinquans, bien qu'ils soient executez à
,, mort par Justice, viennent à leurs Hoirs &
,, Successeurs. ,,

Tous nos Auteurs conviennent que la
confiscation est un droit de la Haute Justice ; mais supposons, par exemple, que le
crime ait été commis dans un lieu autre
que celui du domicile du Condamné, &
autre encore que celui où les biens sont situez, à qui des trois Seigneurs adjugera-
t'on les biens confisquez ?

Les biens confisquez appartiennent au
Seigneur Haut-Justicier, la question ne reçoit point de difficulté pour les immeubles,
qui sont toûjours adjugez au Seigneur dans
la Jurisdiction duquel ils sont situez, mais
elle en reçoit beaucoup pour les effets mobiliaires.

B

La plûpart des Auteurs sont d'avis que comme les meubles suivent la personne, ils doivent appartenir au Seigneur du domicile du condamné en quelque lieu qu'ils se trouvent ; & c'est sans doute dans ce sens que *M. Loysel, Liv. 6. Tit. 2. Art. 20. en l'endroit cité ci-dessus*, propose encore comme une autre maxime du Droit François, que la confiscation des meubles appartient au Seigneur duquel le Confisquant est Couchant & Levant ; cependant la Question s'étant présentée au Parlement de Paris, par Arrêt rapporté par *Bacquet, Traité des Droits de Justice, Ch.* 13. *N.* 7. il fut jugé qu'on ne devoit à cet égard faire aucune difference entre les meubles & les immeubles : par cet Arrêt les meubles furent adjugez au Seigneur dans la Terre duquel ils furent trouvez, à l'exclusion du Seigneur du Lieu où le Comdamné avoit son domicile, *Loyseau, des Droits Seigneuriaux, Chap.* 12. *N°.* 90.

Il y a plus de difficulté encore touchant les dettes actives, qui ne sont proprement ni meubles ni immeubles, & qui dans le Droit sont regardées comme faisant une troisiéme espece de biens, *Leg. Quam Tuberonis, §. ult. ff. de Peculis, Leg. à divo Pio, §. in venditione, ff. de re judicata* ; mais

fans entrer dans les raifons qui partagent
fur cette queftion le fentiment des Auteurs,
il nous fuffit d'obferver que par la Jurifprudence du Parlement de Touloufe, attef-
tée par *Ferriere fur Gui Pape queft.*, 341.
par *Laroche*, *Liv.* 1. *de fes Arrêts, Tit.* 37.
Art. III. & par *M. Dolive, Liv.* 5. *Chap.*
33. les dettes font adjugées au Seigneur
du Lieu où les Debiteurs font refidens ;
Bacquet des Droits de Juftice, Chap. 13. *n.*
6. *Loyfeau, des Droits Seigneuriaux, Chap.*
12. *n.* 91. & 92. Dumoulin, Loyfeau &
Bacquet, pretendent qu'en quelque lieu que
refident les Debiteurs ; la confifcation appartient au Seigneur du domicile du Condamné ; mais je ne fçai fi la raifon dont ils
fe fervent, prife de ce que les actions font
infeparables de la perfonne du Créancier,
ne feroit pas plus concluante pour le Seigneur du Lieu où le délit a été commis ;
nomine loco non circum fcribuntur.

Le Seigneur qui profite de la confifcation, doit fans difficulté acquitter les dettes paffives du Condamné ; & s'il y a plufieurs confifcations, c'eft à dire, plufieurs
Seigneurs à qui les biens confifquez foient
adjugez ; ce qui arrive toutes les fois que
les biens font en differentes Jurifdictions,
chacun eft tenu de contribuer au payement

des charges, à proportion du profit qu'il retire *pro rata emolumenti*, *Bacquet des Dreits de Justice*, *Chap.* 13. *n.* 8.

Les biens confifquez, font-ils fi fort acquis au Seigneur Justicier, qu'il ne dépende pas du Roi de les en priver, en accordant des Lettres d'Abolition ou de Grace? Non fans doute, le Roi fait grace quand il lui plaît, *Catellan*, *Liv.* 9. *Chap.* 8. & les Arrêts ont jugé que les Seigneurs n'étoient pas perfonnes legitimes pour s'oppofer à l'enterrinement ; ce n'eft qu'à cette condition que le Roi s'eft departi en faveur des Seigneurs, d'un Droit qui n'appartenoit originairement qu'à lui à raifon de fa Souveraineté, *Soli fupremo Principi*, dit Dumoulin, *fuperiorem non recognofcenti competit fifcus & jus confifcationis, fed conceffit Rex Dominis imperium merum habentibus, &c.*

Nous avons dit que tout Jugement de condamnation à mort donnoit lieu à la confifcation des biens, & il en eft de même de la condamnation aux Galleres perpetuelles, & au banniffement perpetuel hors du Royaume ; car quoiqu'en dife *Ferriere* (*a*)

_____

(*a*) Ferriere prétend qu'il n'y a point de confifcation fi cela n'eft ordonné par le Jugement qui condomne au banniffement.

en ses Notes sur la Quest. 27. *de M. Du-ranti*, il ne faut à cet égard faire aucune difference entre l'une & l'autre de ces peines : Je sçai bien que les Arrêts les ont distinguées par rapport à une autre Question ; sçavoir si elles donnent lieu à l'ouverture de la substitution.

On a comparé la condamnation aux Galeres perpetuelles à la condamnation aux Métaux , & le bannissement perpetuel hors du Royaume à la déportation ; & en suivant cette comparaison , on a jugé que la substitution étoit ouverte par la condamntion aux Galeres , *Catellan* , *Liv.* 2. *Chap.* 76. parce que dans le Droit Romain elle l'étoit par la condamnation aux Métaux , & qu'elle n'étoit point ouverte par la condamnation au bannissement perpetuel ; parce que par le Droit Romain la déportation laissoit la substitution en suspens , & la faisoit dépendre du prédecès du Substitué ou de l'Heritier grevé , en sorte que si l'Heritier grevé survivoit au Substitué , la substitution devenoit caduque , & les biens en dépendans acquis irrevocablement au Fisc. Mais, encore une fois, par rapport à la substitution , l'effet de la condamnation aux Galeres perpetuelles & au Bannissement perpetuel est absolument le même ; l'effet

de l'une & de l'autre eft la mort civile ;
Brodeau fur Loüet, let. S. Ch. 15. n° 18.
Ordonnance de 1670. Tit. 17. Art.29.

Dans le Reffort du Parlement de Touloufe, on n'ordonne jamais de confifcation
qu'on n'adjuge la troifiéme partie des biens
à la Veuve & aux Enfans du Condamné ;
& la Veuve & les Enfans font à cet égard
traitez fi favorablement, qu'on leur adjuge
cette troifiéme partie fur le total des biens,
fans aucune contribution aux fraix du Procès, dommages & intérêts, & amendes.
Suppofons, par exemple, que la valeur des
biens confifquez foit de 9000. livres, &
qu'il y ait pour 3000. liv. de dépens, dommages & intérêts, ou amendes, la Veuve
& les enfans auront le tiers du total des
biens ; c'eft-à-dire, la fomme de 3000 liv.
au lieu qu'ils auroient feulement 2000. liv.
s'il falloit commencer par diftraire les fraix,
les dommages & intérêts, & amendes,
Cambolas, Liv. 1. Ch. 4. Maynard, Liv. 8.
Chap. 85.

La troifiéme partie des biens adjugée à
la Veuve & aux Enfans, eft diftraite, difons-nous, avant les dépens & amendes ;
mais en cas d'infuffifance en cette troifiéme
partie, ne doit-elle pas du moins être affec-
tée au payement ? Suppofons, par exemple,

que la valeur des biens confifqués foit feulement de 300. liv. & qu'il foit dû pareille fomme pour les dépens , dommages & interêts, la Veuve & les Enfans auront-ils en ce cas la fomme de 100. liv. pour le tiers, & le Demandeur en excès qui aura expofé les dépens, ou à qui les dommages & interêts auront été adjugez, ne pourra-t'il point recourir fubfidiairement fur ce tiers ? Les Arrêts rapportez par *Mr. Catellan*, *Liv.* 2. *chap.* 98. ont encore jugé cette Queftion en faveur de la Veuve & des Enfans.

Si celui qui eft accufé meurt avant qu'il ne foit condamné, fes biens ne font point confifqués, & il en eft de même s'il meurt après la Sentence de condamnation , & pendant l'appel ; car en matiere criminelle l'effet de l'appellation eft d'éteindre abfolument le Jugé, *Leg.* 1. §. *ult. ff. ad Senat. C. Tert. & L.* 2. §. *ult. ff. de pænis* ; bien plus, les Arrêts ont jugé qu'il n'y a point lieu de confifcation dans le cas du decès arrivé après l'Arrêt de condamnation & avant l'execution, *Maynard*, *Liv.* 4. *ch.* 52.

Il n'y a que quatre cas dans lefquels le crime n'eft pas éteint par la mort du coupable, & qui font marquez comme autant d'exceptions à la regle, *dans l'Ordonnance*

B iv

de 1670. *Tit.* 22. *Art.* 1. lorfqu'il s'agit d'un crime de Leze-Majefté Divine ou Humaine, de duel, homicide de foi-même, & rebellion à Juftice, à l'occafion de laquelle le Défunt a été tué.

Par le Droit Romain l'homicide volontaire n'étoit puni par la confifcation des biens qu'en la perfonne de ceux qui étant accufez d'un crime capital, avoient cherché à prévenir leur condamnation en fe donnant la mort, & on puniffoit bien moins en ce cas l'homicide volontaire, que le crime dont le Défunt étoit originairement accufé, *Non enim facti fceleritatem effe ob noxiam fed confcientiæ metum in reo velut confeffo teneri placuit, dicendum ergo bona ejus qui manus fibi intulit ita demùm Fifco vindicari fi eo crimine nexus fit ut fi convinceretur bonis careat, L. 3. ff. de his qui antè Sententiam mortem fibi confciverunt. Defpeiffes, Tom. 3. pag. 124. & 125. d'Olive, Maynard, Laroche, Ferriere, &c.* rapportent divers Arrêts, qui, conformement à ces principes, n'ont condamné ceux qui s'étoient donné la mort *tædio vitæ vel impatientia doloris*, que par la privation de la fepulture ; & c'eft fans doute dans ce fens qu'il faut entendre ce que dit *M. Loyfel en fes Inftitutions Coûtumieres* ,, Que le corps

„ du Deſeſperé eſt traîné à la Juſtice com-
„ me convaincu & condamné „ ; mais l'Ordonnance dont nous venons de parler a
changé cette Juriſprudence : l'Ordonnance
veut que quel que puiſſe être le motif d'une
action auſſi brutale & auſſi impie, on faſſe
indiſtinctement le Procès à la mémoire du
Défunt, & que ſes biens par conſequent
ſoient confiſquez. (*a*)

Il peut arriver qu'on confiſque (*b*) au
profit du Roi des biens qui ſont de la mouvance ou dans la Directe d'un Seigneur
particulier ; & en ce cas Sa Majeſté fait
de deux choſes l'une, ou elle paye une
indemnité au Seigneur, ou elle vuide ſes
mains dans l'an & jour, *M. Boiſſreu, Traité
de l'uſage des Fiefs, chap. 59. & Bacquet,
Traité des Droits de Juſtice, chap.* 12. rapportent une Ordonnance de Philippe le Bel
conçûë en ces termes : „ *Si verò contingat*
„ *quod in terris ſubditorum noſtrorum aliqua*
„ *forfactura nobis eveniant jure noſtro Regio,*
„ *infrà annum & diem extra manum noſtram*
„ *ponemus & ponemus in manum ſufficientis*

(*a*) Bacquet, des Droits de Juſtice, ch. 7. n. 16. & 17.
eſt du même avis, quoique cet Auteur ait écrit long-tems
avant l'Ordonnance.
(*b*) *Quid juris* lorſque les biens confiſqués au profit du
Roi relevent d'un autre Seigneur, *Bacquet, pag.* 44. *des
Droits de Juſtice, ch.* 12.

,, *hominis ad deferviendum Feudo , vel Feu-*
,, *dorum aut recompenfationes fufficientes &*
,, *rationabiles faciemus* : ,, Suivant l'efprit
de cette Ordonnance , le Parlement de
Touloufe , par Arrêt Prapporté par *M. Ca-*
tellan , Liv. 3. *Ch.* 42. dechargea le Procureur Genéral de la demande que faifoit le
Syndic des Prêtres de l'Oratoire de cette
Ville , des Droits Seigneuriaux à raifon
de quelques piéces de terre mouvantes de
leur Directe , mais à la charge par le Procureur General de procurer à ce Syndic
dans l'année une indemnité conforme à
l'eftimation qui en feroit faite par des Ex-
pers. Il n'eft pas de la Dignité Royale
de rendre des rédevances même par Procureur , mais il eft jufte que le Seigneur
foit indemnifé du préjudice que lui porte
l'acquifition faite par le Roy, &c.

On a demandé fi dans la confifcation
devoient être compris les biens donnez
par le prévenu avant le Jugement de condamnation ; & les Arrêts ont jugé cette
Queftion en faveur du Fifc , conformément à la décifion de la *Loi* 15. *ff. de*
donationibus , où il eft dit , *poft contractum*
capitale crimen donationes factæ valent nifi
condemnatio. Secuta fit. Catellan , Liv. 3.
ch. 43.

Si les biens confifqués appartiennent au Fermier de la Terre ou à celui qui n'en a que l'ufufruit, *Voyez Ferriere fur la Queftion* 477. *de Guy-Pape*, où il eft traité auffi des autres Droits de la Haute-Juftice par rapport au Fermier & à l'Ufufruitier.

CHAPITRE III.

DES EPAVES.

ON appelle proprement *Epaves* les Bêtes égarées, du mot latin *Pavidæ Expavefactæ*; mais dans l'ufage, & par rapport à la Matiere que nous traitons, on comprend fous ce nom toutes les chofes mobiliaires & mobiles, *& fe moventes quæ nullum Dominum nec ullum affertorem habent.*

Les Epaves prifes en ce dernier fens font conftament un droit de la Haute-Juftice, le Proprietaire du fonds dans lequel elles ont été trouvées, & celui là même qui les a trouvées, le Roi & le Seigneur féodal ou directe n'y ont aucune part.

La Coûtume de Paris prefcrit les formalitez, ou pour mieux dire, les conditions

fous lefquelles , & non autrement, le Seigneur Jufticier acquiert la proprieté des
Epaves , c'eft en l'Article IX. *du Titre de
la Haute-Juftice* en ces termes : ,, Sera
,, tenu le Seigneur Jufticier faire Dénonces
,, & publier ès Lieux accoutumez , à faire
,, Cris & Proclamations par trois Diman-
,, ches confecutif, & aux Prônes des Pa-
,, roiffes, lefdites Epaves; & fi dans qua-
,, rante jours après la premiere publication
,, celui auquel elles appartiennent les vient
,, demander, lui doivent être renduës en pa-
,, yant la nourriture , garde , & fraix de
,, Juftice , & ledit tems paffé , elles font
,, acquifes & appartiennent au Seigneur
,, Haut Jufticier , &c. ,, L'Article qui pré-
cede immédiatement, parle de celui qui a
trouvé les Epaves, & veut que s'il ne les
dénonce dans les vingt-quatre heures , il
foit puni arbitrairement par le Juge comme
détenteur du bien d'autrui.

Toutes les Coûtumes du Royaume fe
font conformées fur cette matiere à la Coûtume de Paris , ou pour mieux dire , la
Coûtume de Paris eft regardée fur cette
matiere comme le Droit commun de la
France dans tous les Païs qui n'ont pas
de Coûtume de contraire , *Lebret, Traité
de la Souveraineté du Roi*, *Liv.* 3. *Ch.* 12.

Bacquet, des Droits de Juſtice, Chap. 33.
Boiſſieu, de l'uſage des Fiefs, Partie 1. *Ch.*
61. *Coquille, Inſtitutions du Droit François,*
Chap. des Droits de Juſtice; & ſur la Coû-
tume de Nivernois, Ch. 1. *Art.* 1, 2, 3,
& 4. Catellan, Liv. 3. *Chap.* 30. *Loyſel*
en ſes Inſtitutions Coûtumieres, Liv. 2. *Tit.*
2. *N°.* 50.

Pluſieurs Auteurs, du nombre deſquels
eſt *M. Lebret* à l'endroit cité, parlent du
droit du Seigneur touchant les Epaves,
comme d'une uſurpation qui viole toutes les
regles de la Juſtice; ils prétendent que le
Maître des effets perdus ou égarez devroit
pouvoir les reclamer en tout tems, & qu'au
cas ils ne fuſſent point reclamez par le Proprietaire, ils devroient être adjugez à celui
qui les auroit trouvez. La premiere de ces
propoſitions, fondée ſur ces paroles *du*
Canon 6. 14 *Queſt.* 5. *Si quid inveniſti &*
non reddiſti rapuiſti, ou ſur ce qui eſt dit
dans le *Deuteronome, Ch.* 22. *Aſinum &*
veſtimentum & rem omnem Fratris tui quæ
perierit duces in domum tuam, & erunt apud
te quamdiù quærat ea Frater tuus, & recipiat;
& la ſeconde, fondée ſur la diſpoſition
du Droit au Titre de *rerum diviſione Inſ-*
titutionibus, §. *qua ratione :* & en la Loi 1.
ff. pro relicto; mais *Bacquet au lieu cité, n°.*

14. en parle tout autrement : il donne pour
motif de la difpofition des Coûtumes qui
font des Epaves un droit de Haute Juftice ;
l'obligation où eft le Seigneur Jufticier de
nourrir les Enfans expofez ; il parle des
Enfans trouvez comme d'une efpéce d'Epaves onereufes au Seigneur, & par la Regle,
ajoûte-t'il, *ubi onus, ubi emolumentum*, &c.
on ne doit pas envier au Seigneur les effets
mobiliaires que le hazard fait trouver en
fa Jurifdiction ; les Coûtumes au furplus
ayant donné au Maître de ces effets un
délai competant pour les reclamer, & pris
les précautions neceffaires pour lui faire fçavoir qu'ils avoient été trouvez.

Le Roy a fait des Reglemens particuliers pour les Epaves trouvées ou péchées
fur les Fleuves & Rivieres navigables, &
il en a fait auffi pour les effets naufragés,
& pour les effets échouez ou trouvez fur le
rivage de la Mer.

Par l'Edit de 1670. *Titre de la Pêche*,
Art. 16. les Epaves trouvées fur les Fleuves
& Rivieres navigables, doivent être pro-
clamées à l'Audience de la Maîtrife des
Eaux & Forêts ; & fi dans un mois après
cette proclamation elles ne font demandées
& reclamées, elles doivent être venduës
au plus Offrant & dernier Encheriffeur,

sauf à les délivrer à celui qui les reclamera un mois après la vente, s'il est ainsi ordonné en connoissance de cause.

A l'égard des effets naufragez, le Roi, par son Ordonnance de 1681. *Titre des Naufrages, Bris & Echoüemens*, veut que s'ils ont été trouvez en pleine Mer, ou tirez de son fonds, la troisiéme partie en soit délivrée incessamment, & sans frais, en espéce ou en deniers, à ceux qui les auront sauvez; les autres deux tiers déposez pour être rendus aux Proprietaires, s'ils les reclament dans l'an & jour, ou pour être partagez également entre Sa Majesté & l'Amiral, si personne ne les reclame.

Pour ce qui regarde les effets échoüez ou trouvez sur le Rivage, que le Proprietaire ne reclame point aussi dans l'an & jour, Sa Majesté veut & entend qu'ils soient partagez entre elle ou les Seigneurs ausquels elle auroit cedé son droit & l'Amiral, déduits les frais de Justice & du sauvement.

Le mot d'*Epave*, dit *Coquille, Institutions du Droit François, Titre des Droits de Justice*, a donné occasion à aucuns Chrétiens de facile créance de s'adresser par Prieres à Saint Antoine de Padouë pour recouvrer les chofes égarées, parce qu'en ancien langage on appelloit *Paua*, ce qu'on appelle aujourd'hui *Padoua*, Ville d'Italie en laquelle repofe & eft grandement veneré le Corps de Saint Antoine, dit *de Padouë* ou *de Pade*, qu'anciennement on appelloit *Saint Antoine de Pave* ; mais ce n'eft là qu'une conjecture, & qu'on peut dire même temerairement hazardée pour un Auteur auffi judicieux que Coquille. Nous voyons tous les jours exaucez les vœux des Fidéles qui reclament l'interceffion de Saint Antoine ; & nous devons comprendre par-là que cette Dévotion eft agréable à Dieu, quel qu'en ait été originairement le motif, & le fondement.

C H A P I T R E IV.

D V D R O I T D E D E S H E R E N C E.

TOutes les fois qu'il meurt un homme fans faire Teftament, & fans laiffer aucuns Parens habiles à fucceder, le Seigneur Haut-Jufticier lui fuccede ; & c'eft ce Droit qu'on appelle communement Desherence, Droit de fucceder *deficientibus hæredibus.*

La

La Desherence eſt un Droit de la Haute-Juſtice : il eſt reconnu pour tel dans tout le Royaume, ſauf dans quelques Provinces où les Coûtumes en ont autrement diſpoſé.

Du nombre de ces Provinces eſt la Normandie, dont la Coûtume, en l'*Article* 146. appelle les Seigneurs féodaux à l'excluſion des Juſticiers ; & ce qu'il y a de ſingulier encore, c'eſt qu'elle déclare les biens vacans par desherence, ſi le Défunt n'a laiſſé que des Parens au-delà du ſeptiéme degré, ,, Aux Seigneurs féodaux appartien-,, nent les heritages de leurs Vaſſaux après ,, leur decès à droit de desherence & ligne ,, éteinte, aux charges de droit, s'il ne s'y ,, preſente Hoirs habiles à ſucceder dans le ,, ſeptiéme degré incluſivement.

Cette Coûtume, diſons-nous, eſt ſinguliere en ce qu'elle exclud les Parens après le ſeptiéme degré ; parce qu'en effet, dans tout le reſte du Royaume, les Parens en quelque degré qu'ils ſoient ſont appellez à l'excluſion du Fiſc ou des Seigneurs Juſticiers : ces paroles de *Juſtinien* au Titre *de ſucceſſione cognatorum agnationis jure admitti aliquem ad hæreditatem, etſi decimo gradu ſit*, n'excluant point, ſuivant l'interpretation de la plûpart de nos Auteurs, ceux

C

qui font au-delà du dixiéme degré , mais le
dixiéme degré au contraire propofé là pour
exemple eft pour defigner un droit qui va à
l'infini par un degré fort éloigné ; les Parens
en quelque degré qu'ils foient excluent fi
fort le Seigneur , que dans plufieurs Provinces du Royaume le droit de desherence
n'y eft connu que fous le nom de ligne
éteinte ou ligne faillie , Voyez *Brodeau fur
Loüet* , lett. *F. n.* 21. *Lebrun* , *Traité des
Succeffions* , pag. 108. *Maynard* , *Liv.* 6.
chap. 99. & *Dumoulin fur la Coûtume de Paris* , *Art.* 43. *Nom.* 134.

Les Seigneurs Jufticiers ne font pas
exclus feulement par les Parens en quelque
degré qu'ils foient , ils le font encore par
le Mari & par la Femme ; car quoiqu'en
dife *M. Maynard* , *Liv.* 4. *ch.* 1. nous
obfervons en France la difpofition du Droit
aux Titres *du Digefte & du Code* , *Unde vir
& uxor* , qui appelle reciproquement la
Femme à la fucceffion du Mari , & le Mari
à la fucceffion de la Femme , lorfque l'un
ou l'autre viennent à deceder fans laiffer
aucuns Parens. Il n'y a d'exception , fuivant
la remarque de *Bacquet* , que lorfqu'ils'agit
du Droit d'Aubaine où le Roi exclud le
furvivant des Conjoints , par cette raifon
fans doute que le Roi exclud les Parens de

l'Etranger, & que les Parens de l'Etranger exclurroient le Mari ou la Femme survivante, si le Fisc n'y mettoit obstacle, *si vinco vincentem te à fortiori vincam te* ; Voyez *Bacquet, Traité du Droit d'Aubaine, ch.* 33. *Loüet, lett. F. n.* 22. *& lett. V. n.* 13. *Benedicti*, in verbo uxorem, *n.* 155. *Journal des Audiences , Tom.* 1. *liv* 2. *ch.* 63. *Lebrun , des Successions , pag.* 113. *Lebret, Traité de la Souveraineté du Roi , liv.* 3. *ch.* 12. *Bardet, Tom.* 1. *liv.* 3. *& Henris , Tom.* 1. *liv.* 6. *ch.* 5. *Quest.* 17.

Il en est des biens vacans par desherence comme des biens confisquez, ils appartiennent au Seigneur en la Jurisdiction duquel ils sont situez à l'exclusion du Seigneur du Domicile du Défunt ; & pour ce qui regarde les dettes actives, par la même raison, qu'on les adjuge dans la confiscation au Seigneur du Lieu où les Débiteurs du Condamné sont résidens, on doit les adjuger aussi au Seigneur du Lieu où résident les Débiteurs du Défunt, chaque Seigneur au surplus obligé à contribuer au payement des charges à proportion de ce qu'il retire de la succession, *pro rata emolumenti; Lebret, Traité de la Souveraineté , liv.* 3. *ch.* 13.

Par la disposition du Droit en la *Loi* 1.

§. 2. *ff. de jure fifci* , & en la Loi 10. *ff. de diverfis temporalibus præfcriptionibus* , le droit de desherence fe prefcrit contre le Fifc dans quatre ans , à compter du jour que la vacance eft connuë , publique , & notoire, *Divus Pius Cælio Amaranto refcripfit vacantium bonorum nuntiationem quadriennio finiri.* M. Lebret le decide de même en fon Traité de la Souveraineté du Roi , *Liv.* 3. *ch.* 12. Cependant l'opinion la plus commune , & que *Bacquet* , *du Droit de Defherence* , *ch.* 7. *n.* 20. attefte être fuivie dans l'ufage , eft celle qui proroge l'action du Seigneur jufqu'à trente ans.

Il y a des biens vacans autrement que par desherence, & qui font tels, parce qu'ils n'ont jamais été cultivez, ou que la culture en a été abandonnée ; ceux-ci appartiennent au Seigneur direct du Territoire où ils font fituez, & nous aurons occafion d'en parler ailleurs, *Defpeiffes* , *Tom.* 3. *pag.* 134. *Lebret* , *pag.* 122.

CHAPITRE V.

DU DROIT DE CHASSE,

PAR les Loix du Royaume le Droit de Chasse est dépendant de la Haute-Justice, & nous nous éloignons en cela de la disposition du Droit Romain, qui permettoit la Chasse indifferament à toute sorte de personnes. *Feræ bestiæ*, dit Justinien au §. 12. du Tit. de *Rerum divisione*, *Institut. Lib. 2. feræ bestiæ, sicut volucres, & omnia animalia simul atque ab aliquo captæ fuerint, jure gentium statim illius esse ceperunt.*

Le Seigneur Haut-Justicier est seul en droit de chasser dans l'étenduë de sa Justice; & si la Justice est démembrée ou divisée entre plusieurs Enfans ou Particuliers, celui-là seul à qui appartient la principale portion, a le droit exclusif ou prohibitif de la Chasse. Cette prérogative, lorsque les portions sont égales, est attachée à celle qui procede du partage de l'aîné : telle est la disposition de *l'Art.* 27. *de l'Edit des Eaux & Forêts, Tit. de la Chasse*, que le Parlement suivit à la lettre il y a quelques an-

C iij

nées en la cauſe du Sieur de Segui, dit
Chauſſas, Seigneur de Bauzele, contre
le Sieur Fabas, qui avoit dans ce Lieu la
huitiéme partie de la Juſtice, & qui oppo-
ſoit une ancienne Tranſaction, paſſée entre
ſes Auteurs & les Auteurs du Sieur de
Chauſſas, ſuivant laquelle il dévoit joüir
de huit en huit ans, de tous les Droits
utiles & honorifiques dépendans de la Juſtice. Les Officiers de la Table de Marbre
avoient rendu un Jugement qui permettoit
au Seigneur de Fabas de chaſſer pendant
l'année qu'il rempliſſoit ſon tour ; *mais par
un Arrêt rendu en la Chambre Tournelle
au mois de Septembre 1699.* il lui fut fait
défenſes de chaſſer en aucun tems', & le
Seigneur de Chauſſas maintenu ſeul en ce
droit, comme ayant des huit portions de la
Juſtice les ſept.

La Chaſſe appatient au Seigneur Haut-
Juſticier ; de maniere qu'il peut chaſſer lui
ſeul & prohiber la Chaſſe à tous autres ;
mais lui appartient-elle de maniere qu'il
puiſſe l'accorder indifferament à qui bon lui
ſemble ? Non ſans doute ; & quelque Permiſſion que des Particuliers ou des Com-
munautez puiſſent avoir de leurs Seigneurs,
on n'y a aucun égard, on n'y a égard
qu'en faveur des Nobles, comme n'ayant

aucun empêchement en leur Perſonne, ou comme non compris dans la prohibition que fait *l'Article des Eaux & Forêts* déja cité, en ces termes : „ Faiſons défenſes aux „ Marchands, Bourgois, Artiſans & Ha- „ bitans des Villes, Bourgs, Paroiſſes, „ Villages & Hamaux, Païſans & Rotu- „ riers, de quelque condition qu'ils pui- „ ſent être *non poſſedans Fiefs, Seigneurie* „ *& Haute Juſtice, de chaſſer en quelque* „ *lieu, ſorte & maniere, & ſur quelque gi-* „ *bier de poil ou de plume* que ſe puiſſe être, „ à peine de 100. liv. d'amende pour la „ premiere fois, du double pour la ſecon- „ de, & pour la troiſiéme d'être attaché „ au Carcan du Lieu de leur réſidence à „ jour de Marché & banni pour trois ans „ du Reſſort de la Maîtriſe. On comprend par-là que l'interêt du Seigneur n'eſt point l'unique motif de la prohibition, & par conſequent que les Roturiers n'ont droit de Chaſſe par la conceſſion des Seigneurs.

Les Nobles ont donc cet avantage ſur les Roturiers que les Seigneurs peuvent leur communiquer le Droit de Chaſſe ; mais ce n'eſt pas le ſeul avantage qui ſoit attaché à la Nobleſſe, on permet aux Nobles de chaſſer dans les Terres du Roi éloignées des

C iv

plaifirs de Sa Majefté ; & par *l'Art.* 119. *de l'Ordonnance d'Orleans*, ils peuvent encore, lorfqu'ils poffedent des heritages dans les Terres & Fiefs d'un Seigneur, s'exercer à l'Arquebufe au dedans de Pourpris de leur maifon ; c'eft-à-dire, chaffer même avec armes à feu, *ainfi qu'il fut jugé en faveur du Sieur de Serget contre le fieur de Fonta-nille par Arrêt rendu le* 2. *Juillet* 1680. au Rapport de M. Dumas, Arrêt très-remarquable, en ce qu'en expliquant le mot de Pourpris, il fut declaré que le Sieur de Serget auroit la liberté de chaffer dans tou-tes les Terres à lui appartenantes, attenan-tes à fa Maifon jufques au chemin, fans pou-voir paffer outre en fuivant le gibier, pour quelqu'autre raifon & prétexte que ce foit.

Des Pariculiers poffedans des Fiefs dans l'étenduë de la Juftice d'un Seigneur, ont la liberté de chaffer ; & comme à leur égard le Droit de Chaffe eft confideré com-me un droit utile, les Arrêts ont jugé qu'ils ne s'excluent pas les uns les autres, ou qu'ils pouvoient tous en ufer, foit que leurs portions fuffent égales ou inegales ; les Arrêts ont jugé qu'il n'en étoit pas de deux ou de plufieurs Particuliers poffedans par indivis un même Fiefs comme de plu-fieurs Seigneurs Jufticiers. Ceux-ci font exclus par le Seigneur qui a la principale portion de la Justice ; mais entre plusieurs possedans le même Fief, celui qui en possede la plus grande partie n'exclud pas les autres.

Un Particulier qui possede un fonds allodial peut-il chasser aussi bien que le Seigneur direct dans l'étenduë de son Fief? Les Arrêts ont jugé qu'il ne le pouvoit pas ; & il faut convenir qu'il n'y a rien dans l'Edit des Eaux & Forêts qui puisse favoriser une telle prétention. ,, Celui-là seul, ,, *dit l'Art.* **27.** *du Titre de Chasse*, à qui ,, appartiendra la principale portion de la ,, Justice, aura droit de Chasse dans l'étenduë ,, de la Justice à l'exclusion des autres Co- ,, Justiciers qui n'auront part au Fief. Et ,, faisons défenses , *dit l'Article suivant*, à ,, tous Bourgeois & Habitans non posse- ,, dans Fiefs, Seigneurie, & Haute-Justice ,, de chasser. Ces termes, comme l'on voit, excluent & condamnent l'exception ou la consequence qu'on voudroit tirer des Possesseurs des Fiefs aux Possesseurs des Biens allodiaux.

Les Seigneurs Haut-Justiciers peuvent, comme nous l'avons dit, chasser dans l'étenduë de leur Haute Justice, & dans les Terres même où ils n'ont acune Directe, mais il est remarquable qu'en chassant ainsi dans les Fiefs d'autrui, il ne peut le faire qu'en personne : il ne lui est pas permis d'envoyer aucun de ses Domestiques, ni aucune autre Personne de sa part ; que s'il étoit d'un état ou d'une condition qui ne lui permît pas de chasser lui-même en personne, on lui donneroit la liberté de commettre quelqu'un pour chasser pour lui ; mais à la charge d'en demeurer civilement responsable, & de le nommer à la Maîtrise des Eaux & Forêts. *Le Parlement de Toulouse le jugea ainsi au mois de Septembre 1698. au Rapport de M. Dubourg en la cause du Sieur Abbé de Laddes, & du Sieur de Colombe.* Il n'est pas permis aux Particuliers d'enclore leur Fonds ou heritages, & d'empêcher par cette clôture le Seigneur Justicier de chasser dans l'étenduë de la Jurisdiction, & le Seigneur directe dans l'étenduë de son Fief. Il y a quelque tems que le Sieur Bermond, Bourgeois de cette Ville, ayant fait enclore quinze ou seize arpens de vigne qu'il avoit dans le Lieu de Cugnaux, & à la distance d'environ demi-lieuë du Village, *M. de Papus, Conseiller au Parlement, & Seigneur de Cugnaux* fit ordonner *par Arrêt* " qu'il seroit fait deux „ ouvertures ou deux portes, dont il auroit

,, une Clef pour entrer toutes les fois qu'il voudroit à l'effet de chasser ; *l'Ar. 25. du Titre de Chasse*, ne permet que r d'enclore les fonds & heritages qu'on a derriere les Maisons situées dans les Bourgs, Villages & Hameaux dans les Plaines.

Les Seigneurs & autres ayant droit de chasser, ne peuvent en user ; sçavoir, dans les terres ensemencées, depuis que le Bled est en tuyau ; & dans les Vignes, depuis le premier jour de May, jusques après la depoüille.

Les Ordonnances veulent que ceux qui entreprennent de chasser au tems prohibé soient punis de la privation de leurs droits, & qu'ils soient condamnez encore en 50. l. d'amende, & en tous dépens, dommages & interêts envers le Proprietaire.

La plus part de nos Auteurs sont d'avis que les Seigneurs qui ont droit de Chasse peuvent suivre par tout le Gibier qu'ils ont fait lever dans leurs Terres, *Lebret Traité de la Souveraineté*, chap. 1. in fine. *Le Prêtre Centurie* 3. ch. 44. *Graverol sur l'Art. des Droits Seigneuriaux*, ch. 28. *Art. dernier* ; cependant la question s'étant presentée entre Monsieur de Miramont Seigneur Daignan, & Jean-François de Montesquiou Seigneur de Marsan, les Juges de la T ble de Marbre rendirent un Jugement en dernier reſſort, par lequel deffenſes furent faites au Seigneur d'Aignan de chaſſer dans la Terre & Juriſdiction de Marſan. Il fut dit, que ſi le Gibier levé par le Seigneur d'Aignan, & pourſuivi par ſes Chiens & Oiſeaux paſſoit dans la Terre de Marſan, le Seigneur d'Aignan ſeroit tenu de s'arrêter à l'extremité de ſa Terre, d'où avant que d'entrer dans celle de Marſan, il ſeroit tenu d'envoyer un de ſes domeſtiques ſans armes ou autre perſonne de ſa part au Château du Seigneur de Marſan, pour l'avértir qu'il n'entroit dans ſa Terre que pour rompre ſes Chiens ou reclamer & prendre ſon Oiſeau; & en cas que le Gibier pourſuivi viendroit à être pris, le Seigneur d'Aignan ſeroit tenu de l'envoyer incontinent par un de ſes Domeſtiques offrir au Seigneur de Marſan dans ſon Château, & ſe retirer enſuite ſes Chiens couplez & ſon Oiſeau ſur le Poing. Ce Jugement eſt aſſés conforme à ce que dit *Juſtinien au* §. *que nous avons cité dès le commencement du chap. Qui alienum fundum ingreditur venandi aut aucupandi gratiâ, poſſe à Domino prohiberi ne ingrediatur.*

CHAPITRE VI.

Des Rivieres.

TOus nos Auteurs conviennent que les Rivieres non navigables appartiennent aux Seigneurs Haut-Justiciers dans le Territoire desquels elles coulent ; en sorte que si une Riviere partage & divise deux differentes Jurisdictions, chaque Seigneur de son côté en a la proprieté ; *Boissieu, de l'Usage des Fiefs, Tome III. page 194. Chap. 37. & 60. Lebret, de la Souveraineté, Liv. 2. chap. 25. Loyseau, Traité des Seigneuries, chap. 12. Loysel, en ses Institutions Coûtumieres, Liv. 2. Tit. 2. Art. VI. Laroche, des Droits Seigneuriaux & Matieres Féodales, Chap. 17. Art. premier, & Coquille sur la Coûtume de Nivernois, ch. 16. Art. premier.*

Je dis les Rivieres non navigables ; car les Fleuves & les Rivieres navigables, appartiennent incontestablement au Roi, & font partie du Domaine de sa Couronne; declarons, dit l'Ordonnance de 1670. portant Reglement general pour les Eaux & Forêts, Titre de la Police & conservation des Forêts, Eaux & Rivieres. *Declarons la proprieté de tous les Fleuves & Rivieres portant Bateaux de leur fonds sans artifice & ouvrage de mains dans notre Royaume, & Terres de notre obéïssance, faire partie du Domaine de notre Couronne, nonobstant tous Titres & possessions contraires, sauf les droits de pêche, Moulins, Bachs, & autres usages que les Particuliers peuvent y avoir par Titres & possessions valables, &c.* (a)

Titres & possessions valables, &c. Sa Majesté crut devoir expliquer ce qu'elle avoit entendu par ces mots, & c'est ce qu'elle fit par *sa Declaration du mois d'Avril* 1683. d'une maniere à ne laisser plus de difficulté sur cette matiere. *Confirmons en la proprieté, possession & joüissance des Isles, Islots, atterrissemens, droits de Pêche, Peage, Passage, Bachs, Bateaux, Ponts, Moulins, & autres Edifices & droits sur les Rivieres navigables dans l'étenduë de notre Royaume; tous les Proprietaires qui apporteront des Titres de proprieté authentiques faits avec les Rois nos Prédecesseurs avant l'année* 1566. *sçavoir, Inféodations, Contrats d'a-*

(a) *Quid* si une Riviere est navigable en certains endroits, & en d'autres non, la Riviere en ce cas sera au Seigneur dans les Lieux où elle ne sera pas navigable; sit judicatum, pour la Riviere de Loyre, *Henrys Tome II.* pag. 229.

nation & engagemens, aveûs & dénombremens qui nous auront été rendus ; & quant
aux Possesseurs des Islots, fonds, édifices,
& droits susdits sur lesdites Rivieres depuis
les lieux où elles sont navigables, sans Ecluse
ni artifice, qui rapporteront seulement des
Actes authentiques de possession commencée
sans Titre avant le I^r. Avril 1566. & con-
tinuée sans trouble, voulons qu'ils soient
confirmés en leur possession, à condition néanmoins de nous payer par forme de redevance
fonciere le vingtiéme du revenu annuel ; &
à l'égard des droits dont les Détenteurs ne
rapporteront Titres valables de proprieté ou
possession avant l'année 1566. voulons qu'ils
soient réünis à notre Domaine.

On comprend aifement la raison pour
laquelle la propriété des Fleuves & Rivieres navigables ne peut & ne doit appartenir qu'au Souverain ; ce n'eſt pas ſeulement parce que les choſes publiques qui
appartenoient au peuple dans la Republi-
que Romaine, appartiennent au Prince à
qui le peuple a cedé ou tranſmis tous ſes
droits, cette raiſon ſeroit commune à toutes les Rivieres indiſtinctement, mais parce que les Fleuves & les Rivieres navigables faiſant ſouvent la communication ou
la ſeparation des Etats les uns des autres,

& leur procurant l'abondance par le moyen de la navigation, il y auroit des inconveniens infinis, si les Rois en abandonnoient la proprieté à leurs Sujets, ou s'ils la partageoient avec eux ; c'est par cette raison prise de l'interêt public, que tous les Souverains, suivant la remarque de M. Lebret, Traité de la Souveraineté, *Liv.* 2. *chap.* 14. se font rendus propres les Rivages de la Mer, & non-seulement les Rivages, mais la Mer même qui avoisine leurs Côtes & leurs Terres.

Si la proprieté des Rivieres non navigables appartient aux Seigneurs Hauts-Justiciers, il faut aussi que le droit de Pêche leur appartienne, l'un est une suite naturelle de l'autre. *Flumina*, dit Ferriere sur la Question 114. de Gui-Pape, *Flumina non navigabilia sunt Dominorum Jurisdictionalium per quorum Territorium Fluunt, atque ideò jus piscandi ad eos pertinet.*

Le Roi l'entend ainsi pour les Rivieres navigables, & pour la Mer qui avoisine ses Etats. A l'égard des Rivieres navigables, il ne faut que lire cet Article de l'Ordonnance des Eaux & Forêts, *Titre de la Pêche*, où Sa Majesté fait défenses à toutes personnes autres que Maîtres Pêcheurs reçûs ès Siéges de Maîtrise, de pêcher

cher à peine de 50. liv. d'amende , de
confiscation du poisson , filets & autres
instrumens de Pêche ; & pour ce qui regarde la Mer , quoique par l'Ordonnance
de la Marine , *Liv.* 5. *Tit.* 1. *Art.* 1. le
Roi y declare la Pêche libre & commune
à tous ses Sujets ; & jusques-là que dans
le *Tit.* 3. du même Liv. *Art. IX.* il dé-
fend aux Seigneurs des Fiefs voisins de
-la Mer , & à tous autres , de lever aucun
droit en deniers ou en especes sur les Pê-
ches qui s'y font , & de s'attribuer aucune étenduë de Mer pour y pêcher à
l'exclusion d'autres , sinon en vertu d'a-
veux & dénombremens reçûs ès Chambres des Comptes avant l'année 1544. ou
de concession en bonne forme , néanmoins
cette liberté a même été accordée par
Sa Majesté , le terme de permission dont
elle se sert , les divers Reglemens qu'elle
fait , les conditions qu'elle prescrit , la necessité qu'elle impose aux Pêcheurs de
prendre des Lettres Patentes ou un Con-
gé de l'Admiral suivant les differens gen-
res de Pêche , le droit prohibitif de la
Pêche qu'elle se reserve de conceder aux
Seigneurs voisins de la Mer , tout cela
fait comprendre que s'il est libre de pêcher dans la Mer , c'est par l'effet de la

D

bonté du Roi , & qu'en cela on n'est point
fondé en la disposition du Droit Commun;
ce qui fait dire au Jurisconsulte en la *Loi 2.*
ff. ne quid in loco publico , &c. si quis in
mari piscari prohibeatur , non habere interdi-
ctum quemadmodum nec eum qui in campo
publiquo lædere , vel in publico Balneo lavare
aut in theatro spectare arcetur , sed in omni-
bus his casibus injuriarum actione utendum ,
&c.

Encore une fois , le droit de permettre
ou de prohiber la pêche dans les Rivieres
qui ne sont pas navigables , est constamment un Droit de la Haute Justice , &
on ne suit point le sentiment de quelques Auteurs qui veulent faire dépendre
la Question de la Coûtume , de *Joannes*
Faber , entre autres sur le §. *Flumina insti.*
de rerum divisione , qui dit , que les Seigneurs ne peuvent prohiber la Pêche ,
nisi consuetudo eis jus tribuat. Mais la
Coûtume ne donne pas ce droit aux Seigneurs , la Coûtume pourtant suivant
l'Observation de M. *Boissieu* de *l'Usage*
des Fiefs , *Partie premiere* , *chap.* 37. peut
acquerit aux Vassaux & aux Emphitéotes
la liberté de la Pêche.

Lorsque les Rivieres non navigables
passent dans des Terres qui ne reconnois-

fent d'autre Seigneur que le Roi, la Pêche y eft-elle libre, ou ni peut-on pêcher que par la permiffion du Roi ? Il
femble d'abord que la Condition du Roi
ne devroit pas être pire que celle des
Seigneurs particuliers ; cependant comme
Sa Majefté ne s'eft refervée par fes Ordonnances, Edits, & Declarations que
la proprieté des Rivieres navigables, on
a creu qu'elle avoit entendu laiffer à fes
Sujets la liberté de la Pêche fur les autres Rivieres qui font dans l'étenduë de
fa juftice. (a)

Si les Seigneurs Jufticiers peuvent prohiber la pêche dans les Rivieres non navigables, parce qu'ils ont la proprieté
de ces Rivieres, ils peuvent auffi, par
la même raifon empêcher qu'on n'y bâ-
tiffe des Moulins, (b) *Laroche des Droits
Seigneuriaux, Chap.* 17. *Art. I. & Ferriere fur la Queft.* 577. *de Gui-Pape, rapportent divers Arrêts qui l'ont jugé ainfi.*

Le Seigneur Jufticier a fur les Ifles
qui fe forment dans les Rivieres non navigables, le même droit qu'a le Roi fur

(a) *Quid Juris,* pour les Moulins, &c.
(b) Si un Seigneur ayant deja permis à un Particulier de bâtir un Moulin, peut donner femblable permiffion à un autre. Voyez Henrys Tome I. page 315.

les Isles qui se forment dans les Rivieres navigables, & nous n'observons pas à l'égard des uns ni des autres la disposition du Droit qui les donne aux Riverains en la maniere expliquée par *Justinien au Titre de rerum divisione §. 22. insula in Flumine nata si quidem mediam partem Fluminis tenet communis est eorum qui ab utraque parte Fluminis propè ripam prædia possident pro modo scilicet latitudinis cujusque fundi quæ propè ripam sit, quod si alteri parti proximior sit, eorum est tantùm qui ab ea parte propè ripam prædia possident.*

S'il y a quelque difference entre les Isles des Rivieres non navigables appartenant aux Seigneurs, & celles des Rivieres navigables appartenant au Roi, c'est qu'à l'égard de celles-ci, comme elles font partie du Domaine de la Couronne, la proprieté n'en peut être acquise par des Particuliers qu'en la maniere prescrite par la Declaration de 1683. au lieu qu'à l'égard des autres les Possesseurs sont à couvert par la prescription de 30. ans.

Quod si alteri parti proximior sit, dit Justinien, *eorum est tantùm qui ab ea parte propè ripam prædia possident;* & c'est sans doute sur ce texte qu'est fondée la Re-

gle proposée par M. *Loysel* en ses Institutions Coûtumieres , *Liv. 2. Tit. 2. Art.
XII. Isle est au Seigneur Haut-Justicier en
la Justice duquel elle est plus près , eu égard
au fil de l'eau* ; c'est-à-dire, que lors qu'une
Riviere passe au milieu de deux differentes
Jurisdictions, l'Isle appartient au Seigneur
du côté duquel elle est formée.

Insula in Flumine nata , dit encore
Justinien, & de-là nos Auteurs ont conclu, qu'un fonds que la Riviere en se di-
visant laisse entre ses deux bras , n'est
point proprement une Isle, qu'il n'en a
que l'apparence , parce qu'il est de l'es-
sence d'une Isle de naître pour ainsi dire
dans la Riviere, & par conséquent que
ce fonds pour être entre deux eaux ne
change point de Maître.

Les Isles ne sont pas le seul fonds que
les Rivieres acquierent au Seigneur Justicier, elles lui en acquierent encore toutes les fois qu'elles changent de lit.

Qu'une Riviere, par exemple, quitte son
lit ordinaire pour en occuper un autre ,
le lit abandonné n'appartiendra point parmi nous comme il appartenoit par le Droit
Romain, §. 23. *Instit. de rerum divisione*
aux Propriétaires des fonds contigus , on
le regardera comme un Vacant, & com-

me tel on l'adjugera au Seigneur Justicier
à l'exclusion des Riverains , & de ceux
à qui le nouveau lit fait perdre partie de
leurs fonds , on le regardera disons-nous
comme un Vacant , & par cette raison
il sera adjugé au Seigneur sans distinguer
si la Riviere est navigable ou ne l'est pas ,
Henriys , Tome II. Liv. 3. *quest.* 30.

Que la Riviere après avoir quitté son
lit ordinaire , vienne ensuite à le reprendre , ce nouveau lit abandonné par la Riviere appartiendra encore à la rigueur
au Seigneur Justicier à l'exclusion des
Riverains & de ceux qui en étoient ci-
devant les Proprietaires. Je dis à la rigueur , parce qu'en effet , la raison d'é-
quité est toute entiere pour les anciens
Proprietaires ; le Jurisconsulte en la *Loi*
Adeò , ff. *de acquirendo rerum Dominio ,*
& il en auroit sans doute bien mieux
convenu s'il avoit agité la question entre
les anciens Proprietaires & le Seigneur , au lieu qu'il l'agite entre les anciens Proprietaires & les Riverains : les
termes dans lesquels il s'explique sont re-
marquables , *is cujus is ager fuerat stricta*
ratione quidquam in eo alveo habere non
potest quia & ille ager , qui fuerat desiit
esse amissa propria forma , & quia vicinum

prædium nullum habet, non poteſt ratione vicinitatis ullam partem in eo alveo habere, fed vix eſt ut id obtineat, &c. Automne ſur cette Loi rapporte un Arrêt du Parlement de Bordeaux, qui, préferant la raiſon d'équité à cet autre que la Loi appelle *ſtricta ratio*, adjugea le nouveau Canal qu'avoit occupé la Riviere de Garonne, & que cette Riviere avoit enſuite abandonné pour reprendre ſon ancien lit, à ceux qui en étoient originairement les Proprietaires, & je ſuis perſuadé qu'on le jugera de même toutes les fois que le cas ſe préſentera.

CHAPITRE VII.

Du Droit de Bâtardiſe.

SI un Bâtard décede *ab inteſtat*, & ſans enfans, le Seigneur Haut-Juſticier lui ſuccede, mais il faut pour cela 1º. que le Bâtard ſoit né dans la Terre du Seigneur, 2º. qu'il y ait eu ſon Domicile pendant ſa vie, 3º. qu'il y ſoit decedé. Sans le concours de ces trois conditions, le Seigneur Juſticier eſt exclus par le Roi.

J'ai dit, ſi un Bâtard décede *ab inteſtat*

D iv

& fans enfans ; car les enfans & les heritiers Teftamentaires excluent également
& le Roi & le Seigneur Jufticier.

Les enfans du Bâtard excluent le Seigneur & le Roi ; mais en défaut d'enfans le Seigneur & le Roi font-ils exclus
par la femme du Bâtard ou le mari de la
Bâtarde ? Il femble d'abord qu'on peut
appliquer ici la Regle *fi vinco vincentem
te à fortiori vincam te* ; & que puis que
le Roi ou le Seigneur exclud tous les
parens du Bâtard , autres que les enfans,
il doit à plus forte raifon exclure le Survivant des Conjoints que l'Edit du Prêteur *inde vir & uxor*, n'appelle qu'au défaut des parens ; cependant les Arrêts ont
jugé la Queftion tout autrement , & il
faut convenir en effet que l'argument pris
de la Regle *fi vinco vincentem te , &c.*
eft en ce cas faux & captieux , parce que
le Bâtard n'a , à proprement parler , d'autres parens habiles à fucceder que les enfans nés d'un légitime Mariage par lefquels le Fifc eft exclus *nec genus nec gen-
tem habet nec ullo neceffitudinis jure aut
propinquitatis gradu conjungi cenfetur, &c.*
Cette Regle ne trouve de jufte applica-
tion , que lorfqu'il s'agit du Droit d'Aubaine , & qu'il eft queftion de fçavoir fi

le Roi doit récüeillir la succeffion d'un étranger à l'exclufion de la femme ou du mari furvivant, *Bacquet du Droit d'Aunaine*, *chap.* 33. car le Roi excluant les parens de l'étranger qui font autant d'heritiers légitimes appellez à la Succeffion plûtôt que le Survivant des Conjoints, il faut par une connoiffance neceffaire que ce Survivant foit exclus par le Roi : *voyez les Autorités citées au chap. du Droit de Desherence.*

Le Seigneur Jufticier dans le concours des trois conditions dont nous avons parlé, fuccede-t'il à tous les biens du Bâtard en quelque lieu qu'ils foient fituez ? *Bacquet*, *Traité du Droit de Bâtardife*, *Part.* I. *chap.* 8 *N°.* 18. *& Traité des Droits de Juftice*, *chap.* 23. *N°.* 3. décide que non, & que le Seigneur fuccede feulement aux biens trouvez ou fituez en l'étenduë de la Jurifdiction, de maniere qu'entre les trois conditions de la naiffance, du Domicile, & du decès, il en faut encore une quatriéme, fçavoir que les biens foient dans la Terre du Seigneur qui demande la Succeffion.

Que fi on demande à qui appartiendront les biens fitués dans une Jurifdiction autre que celle où le Bâtard étoit né, domicilié & décedé, il sera aisé de répondre que ces biens appartiendront au Roi, puisque le Roi, comme il a été dit d'abord, ne peut être exclus que par le Seigneur du lieu de la naissance, du Domicile, & du décès.

A l'égard de la premiere Condition touchant le lieu de la naissance, les Arrêts ont jugé que dans le doute la présomption étoit pour le Seigneur dans la terre duquel le Bâtard étoit décedé, & avoit eu son Domicile pendant sa vie ; c'est-à-dire, que dans le doute on devoit presumer que le Bâtard étoit né dans le lieu où il étoit mort, & où il étoit Domicilié ; & à l'égard de la troisiéme, touchant le lieu du decès, les Arrêts ont encore favorisé le Seigneur, en ce qu'ils lui ont adjugé la Succession du Bâtard decedé au Service du Roi, tout ainsi que s'il étoit mort dans sa Terre, *Bacquet aux lieux cités ci-dessus.*

Par le Droit Romain, les Bâtards succedoient à leurs meres même en concours des enfans legitimes, & les meres succedoient aussi reciproquement à leurs Bâtards à l'exclusion du Fisc ; mais il n'en étoit pas de même de la Succession paternelle. Dans celle-ci le Droit Romain diftinguoit les enfans nés d'une Con-cubine Domeftique appellés proprement enfans naturels, de ceux qui étoient nés d'un commerce inceftueux, Adulterin, ou autre illicite : *Spurii, feu vulgo quæfiti*. Ces derniers étoient abfolument incapables de rien recevoir, pas même à Titre d'alimens. On donnoit aux autres la fixiéme partie des biens de leur pere decedé fans enfans legitimes *ab inteftat*, capables d'ailleurs de recüeillir l'entiere Succeffion fi elle leur étoit déferée par le Teftament de leur pere decedé fans enfans legitimes. *Authentica licet patri, Cod. de naturalibus liberis.*

Les Loix du Royanme ont rejetté tou-tes ces diftinctions, les Bâtards quels qu'ils foient ; car le Concubinage n'eft point regardé parmi nous comme un com-merce licite tel qu'il étoit chez les Ro-mains, font également incapables de fuc-ceder à leurs peres & à leurs meres, & auffi incapables de fucceder *ab inteftat*, comme par Teftament, cette incapacité fondée fur une raifon prife de l'honnê-teté publique, & la même à peu près dont fe fert l'Empereur *Juftinien en la Loi derniere, Cod. de natural. liberis*, lorf-qu'il dit, *filiis naturalibus relinqui conf-*

titutiones quantum voluerint ideo prohibue-
runt quia vitium paternum refrenandum
esse existimaverunt.

Mais si nos Loix n'ont pas la même
indulgence qu'avoient les Loix Romaines
pour les enfans naturels nés dans le Concubinage, elles n'ont pas aussi la même
dureté pour les enfans incestueux où Adul-
terins ; si les uns & les autres sont exclus de la Succession, les uns & les autres aussi sont en droit de demander les
Alimens jusqu'à ce qu'ils soient en état
de gagner leur vie, & nous nous sommes en cela conformés à la disposition
du Droit Canonique dans le Chapitre *cum*
haberet extra de eo qui duxit in matri-
monium quam polluit per Adulterium : Vo-
yez Loüet & Brodeau, Lettre A, Chap. 6.
Henris, Tom. I. Liv. 6. Chap. 3. Quest.
6. Lebret de la Souveraineté, Liv. 2. Ch.
13. Coquille sur la Coûtume de Nivernois,
Tit. des Successions, Art. 24. Journal du
Palais, Tome I. pag. 754. Cambolas, Liv.
I. Chap. I. Dolive, Liv. 5. Chap. 34.
Bacquet du Droit de Bâtardise, Part. I. Ch.
3. Catellan, Liv. 2. Chap. 95.

M. *Boissieu* en *son Traité des Droits*
Seigneuriaux, Part. I. Chap. 66. assure
que dans la Province du Dauphiné on

obſerve encore aujourd'hui , la diſpoſition du Droit Romain , & il rapporte en effet divers Arrêts par leſquels les Bâtards ont été admis à ſucceder à leurs meres, & les meres reciproquement à ſucceder à leurs Bâtards à l'excluſion du Roi & du Seigneur Juſticier ; mais quoiqu'il en ſoit, cet Uſage ne s'eſt point conſervé de même dans les autres Provinces regies par le Droit Écrit ; encore une fois la Loi generale du Royaume eſt celle-là que, les Bâtards ne peuvent avoir des Succeſſeurs *ab inteſtat* autres que leurs enfans légitimes , & qu'ils ne peuvent en aucun cas ſucceder à leurs peres & meres.

Les peres & les meres ſuccedent ſi peu à leurs Bâtards , qu'il a été jugé qu'ils ne pouvoient pas même reprendre par droit de retour ce qu'ils leur avoient donné pour leur tenir lieu d'Alimens ou de Dot ; *Cambolas , Liv. 1. Ch. 5. Ferriere ſur la Queſt. 1. de M. Duranti , Maynard Liv. 9. Chap. 16.* Il eſt vrai que cette Juriſprudence eſt particuliere au Parlement de Toulouſe, & qu'on le juge autrement au Parlement de Paris, ainſi qu'il eſt atteſté par *Henris , Tome I. Liv. 6. Chap. 5. Queſt. 30. & par Brodeau ſur Loüet , Lettre D. Chap. premier.*

Il y avoit parmi les Romains trois differentes manieres de legitimer les Bâtards
per oblationem Curiæ, *per refcriptum Prin-*
cipis, *per fubfequens Matrimonium* ; nous
ne reconnoiffons en France que ces deux
dernieres.

Le Roi peut legitimer toute forte de
Bâtards, & ceux-là même qui font d'un
commerce Adulterin, Sacrilege, ou inceftueux ; mais il faut remarquer que le
Roi n'accorde jamais ou n'entend jamais
accorder des Lettres de legitimation, *Le-*
brun des Succeffions, *pag*. 25. *N*. 7. à
l'effet de pouvoir fucceder qu'aux Bâtards
nés des deux perfonnes libres *ex foluto &*
ex foluta, les autres reftant toûjours inha-
biles à fucceder à leurs peres & meres ,
non - feulement *ab inteftat* , mais encore
par teftament.

Quand on dit que les Bâtards nés *ex*
foluto & foluta, legitimez par le Roi ,
peuvent fucceder à leurs pere & mere,
on fuppofe que le pere & mere ont confenti à la legitimation, & non - feulement eux, mais encore leurs heritiers
préfomptifs, les derniers Arrêts rapportez par *Lebrun*, *Traité des Succeffions*, *pag*.
26. *N*. 13. *& fuivant*, l'ayant ainfi jugé
contre le fentiment de *Bacquet*, *Traité du*

Droit de Bâtardise, *Part.* 2. *Chap.* 12. *N°.*
6. & 19. *Lebret*, *de la Souveraineté*, *Liv.*
2. *Chap.* 12. *pag.* 70.

Les heritiers préfomptifs, difons-nous,
doivent confentir à la legitimation ; mais
qu'arrivera - t - il fi ceux qui étoient heritiers préfomptifs lors de la légitimation,
ne le font plus lors que la Succeffion eft
ouverte ? Un pere naturel, par exemple,
fait legitimer fon Bâtard, & lors de la
legitimation il a un frere unique qui donne fon confentement ; fi ce pere naturel
furvit à fon frere, les autres Collateraux
qui n'auront pas confenti à la legitimation excluent-ils le Bâtard legitimé ? *Ar-*
gentré a prévû ce cas, & il l'a decidé
contre le Bâtard ; *il ne faut compter pour*
rien, dit cet Auteur, *le confentement des*
heritiers préfomptifs s'ils ne font tels lors
du decès du pere naturel, les parens heritiers préfomptifs lors de la legitimation, ont inutilement confenti fi d'autres ont pris leur place avant que la Succeffion foit ouverte, & en un mot, le
confentement ne peut nuire ou préjudi-
cier qu'à ceux qui l'ont donné, *fi plu-*
res eodem gradu fint, his tantummoà fit
prejudicium qui confenfere, fin cum prior
gredus confenfiffet, evenit ut fecun-

pus mortuo priore fuccederet ; tempus fpec-
tandum eft mortis ejus cui fucceditur ad diã
judicandam capacitatem aut intereße fuc-
ceßoris cœteri antè mortui fic habeatur tan-
quam non nati : Argentré fur la Coûtume
de Bretagne, *Art.* 456. *chap.* 5. *N°.* 4.
& 5.

Les Bâtards legitimes , & les parens
qui ont confenti à la legitimation , fe fuc-
cedent reciproquement , & ce qu'il y a
de fingulier , c'eft que les parens qui
n'ont pas confenti à la legitimation fucce-
dent au Bâtard à l'exclufion du Fifc quoique
le Bâtard ne puiffe pas leur fucceder ; *Le-*
bret, Traité de la Souveraineté , Liv. 2.
chap. 12. *Bacquet du Droit de Bâtardife,*
Part. 2. *chap.* 13. *&* 14. *Lebrun , des Suc-*
ceßions , Liv. 1. *chap.* 1. *Sect.* 4. *N*° 3.
& Sæfve , Tome I Centurie 1. *chap.* 12.

Le pere qui a des enfans legitimes ne
peut faire legitimer fes Bâtards à l'effet
de fucceder ; *Bacquet du Droit de Bâtar-*
dife , Part. 2. *chap.* 12. *N.* 10. mais l'effet de la legitimation accordée *non ex-*
tantibus legitimis , n'eft point emporté par
la furvenance des enfans legitimes ; *Bro-*
deau fur Loüet , lettre L. chap. 7. rapporte
un Arrêt qui admit un enfant legitimé à
demander la legitime fur les biens de fon
pere,

père, contre le fils legitime né depuis la legitimation inftitué heritier univerfel, &c.

Quelques Auteurs du nombre defquels eft le Préfident *Faber en fon Cod. Liv. 6. Tit. 25. definit. 19.* ont crû que les enfans legitimez par le Roi faifoient défaillir le Fideicommis dont un pere naturel étoit chargé fous la condition *fi fine liberis*; mais dans l'ufage, l'opinion contraire a prévalu; & toutes les fois que le cas s'eft préfenté, on a jugé conftament en faveur du Subftitué contre les Enfans legitimés; *Catellan, Liv. 2. Chap. 95. Ferriere, fur Guy-Pape, Queft. 481.*

Il en feroit autrement fi la Queftion étoit entre le Subftitué & les Bâtards legitimez par le mariage fubfequent, c'eft de ceux-ci que l'on peut dire que la condition eft veritablement la même, que celle des Enfans nés legitimes, le Droit Civil & le Droit Canonique, ne faifant abfolument aucune difference des uns aux autres, *Cap. Tanta vis extrà qui filii fint legitimi, L. cum quis, Cod. de naturalibus liberis.*

Je ne fçache qu'un cas où le Bâtard legitimé par le Mariage fubféquent eft exclu par le fils né legitime, c'eft celui

E

que proposé *Dumoulin*, *sur la Coûtume de Paris*, §. 8. *Glose* 1. *N.* 34. Titius ayant un fils d'une Concubine, épouse une autre femme dont il a un fils, & après la mort de cette femme, il reprend & épouse sa Concubine, le fils legitimé par ce dernier mariage n'aura pas (dit l'Auteur que nous venons de citer) le Droit d'Aînesse, au préjudice du fils né du premier mariage : l'Aîné des enfans legitimez par le Mariage subsequent feroit préferable, il est vrai pour le Droit d'Aînesse, s'il étoit en concours avec l'Aîné des enfans nés pendant le mariage ; mais la raison de la difference en ce dernier cas, prise de ce que l'Aîné des enfans nés dans le mariage, n'a pas lors de la legitimation un Droit acquis, qui puisse être un obstacle à l'effet retroactif, puisqu'il est né du mariage même qui legitime & qui n'a point par consequent prevenu la legitimation ; cette raison (disons-nous) ne se trouve plus dès que nous supposons un mariage anterieur à celui qui a produit la legitimation & des enfans déja nés de ce mariage, l'Aîné des enfans procréé du mariage intermediaire se trouvant comme saisi & en pos-

feſſion du Droit d'Aîneſſe avant la legitimation des Bâtards, la legitimation ne
peut l'en depoſſeder n'y avoir un effet
retroactif à ſon préjudice, parce qu'enfin il a été un tems où il a été le premier né & legitime heritier, n'ayant alors
que des freres naturels incapables de
Droit d'Aîneſſe.

Afin que les Bâtards ſoient legimez
par le Mariage ſubſéquent, il faut qu'au
tems de leur naiſſance ou de leur conception le pere & la mere ayent peu ſe
marier ; c'eſt-à-dire, qu'il n'y ait eu aucun empêchement entre eux *à muliere
liberâ procreatus*, dit Juſtinien, *Tit. de
Nuptiis*, §. *Ultimo* ; ainſi par Arrêt du
Parlement de Paris, rapporté dans le II.
Tome du Journal des Audiences, *Liv. 4.
Chap.* 4. des enfans nés d'un commerce
Adulterin, malgré le Mariage ſubſéquent
de leur pere & de leur mere, furent declarés
illegitimes & incapables de ſucceder. On
comprend aiſément ſurquoi cette déciſion
eſt fondée, c'eſt qu'on donne au Mariage
ſubſéquent un effet retroactif au tems de
la conception des enfans, & que l'empêchement, qui ſe trouve lors de la conception
eſt un obſtacle à cette fiction.

E ij

Il faut pourtant remarquer que l'empêchement pour être un obstacle à la legitimation, doit être non-seulement de
ceux qu'on appelle *dirimens*, mais tel encore qu'il ne puisse être levé par aucune
dispense ; ainsi par les Arrêts rapportez
dans le premier Tome du *Journal du Palais*,
pag. 718. & par *Lebrun*, *Traité des Successions*, *Liv.* 1. *Chap.* 2. *Sect.* 1. *Diftinction* 1. il a été jugé qu'un Clerc Ton-
furé, pourvû de Benefices simples, pouvoit en les quittant, legitimer *per subse-
quens matrimonium*, les enfans qu'il avoit
eu d'une Concubine, quoique conçûs &
nés dans le tems que le pere actuellement
Beneficier ne pouvoit épouser la mere,
comme aussi que le Mariage subséquent fait
entre Cousins Germains avec Dispense du
Pape, legitimoit les enfans nés d'un commerce incestueux.

Autrefois le Mariage contracté avec
une Concubine, même à l'Article de la
mort, legitimoit les enfans nés dans le
Concubinage, & les rendoit capables
de Succession ; *Benedictus in cap. Raynutius*, sur les mots *in extremis positus*, *N.*
13. *Dolive*, *liv.* 3. *chap.* 1. Mais aujourd'hui cette Jurisprudence a changé ,

le Mariage contracté par le Moribond
subsiste bien *quoad fœdus* , mais il ne
peut produire aucuns effets Civils. L'Ordonnance de 1639. après avoir *dans l'Art.*
V. declaré les enfans nès des Mariages
Clandestins incapables de toutes Successions, prononce en l'Article suivant la même peine contre les enfans nés des femmes
qu'ils ont entretenu & qu'ils épousent lorsqu'ils sont à l'extremité de la vie.

Je dis, que le Mariage contracté *in ex-*
tremis subsiste *quoad fœdus vel vinculum*;
car c'est ainsi en effet que les Arrêts ont
interprêté l'Ordonnance de 1639. &
cet Arrêt entre autre que nous vîmes rendre
il y a quelques années en l'Audience de la
Grand'Chambre, en la Cause de la Demoiselle de Guidri , & les sieur & Demoiselle
Dichi de Ville-Franche de Lauragois: ceux-
ci appellans comme d'abus de la celebra-
tion du Mariage contracté entre ledit
sieur Dichi, à toute extremité de vie ,
& la Demoiselle de Guidry , il fut dé-
claré n'y avoir abus en ladite cele-
bration; mais on cassa en même-tems
l'Institution hereditaire faite par le sieur
Dichy au profit des enfans nés dans
le Concubinage , à chacun desquels il

E iij

fut adjugé feulement une fomme de
2000. liv. pour leur tenir lieu d'alimens;
Voyez le Journal des Audiences, Tom.
I. liv. 6. chap. 5. & Tome V. chapitre
54.

Pour être dans le cas de l'Ordonnance,
il faut qu'il y ait preuve de la debauche
précedente. Nous trouvons dans le premier Tome du Journal du Palais un Arrêt du Parlement de Paris du 9. Juillet
1657. qui par le défaut de cette preuve,
confirma un Mariage quant aux effets
Civils, quoique contracté la veille , ou
le jour même du decès du mari; il faut
encore que le Mariage ait été contracté
in extremis ; & fuivant le fentiment de
quelques Auteurs, cette circonftance eft
non-feulement neceffaire dans les Mariages contractez dans la maladie , mais
dans ceux-là encore que l'on contracte
dans le declin de l'âge & dans les dernieres années de la vie ; *Voyez le Jour-*
nal du Palais , Tom. I. *pag.* 324.

Le Roi par fa Declaration du mois
de Mars 1697. ajoûte à l'Ordonnance de
1639. en ce qu'il veut que l'Ordonnance
de 1639. ait lieu tant à l'égard des femmes que des hommes; c'eft-à-dire, que

tous Mariages contractez *in extremis*, soient nuls pour les effets Civils, sans distinguer si c'est la femme, qui à l'extrêmité de la vie, épouse celui qui l'a débauchée, ou si c'est l'homme qui épouse la Concubine dans la maladie dont il est décedé. Avant cette Declaration, on n'étendoit pas la peine d'un cas à l'autre comme on peut voir par les Arrêts rapportez par *M. Leprêtre*, *Cent*. 2. *chap*. 11.

Quelques Auteurs sont d'avis, que si ceux ou celles dont la naissance ou la qualité rendent le Mariage inégal, se trouvant en santé, épousent ceux & celles qui causent la mes - alliance, quoiqu'à l'extrêmité de la vie, le Mariage en ce cas legitime les enfans à l'effet de succeder ; mais je doute que cette opinion soit suivie ; l'Arrêt sur lequel on la fonde, rendu au Parlement de Paris le 5. Septembre 1675. est rapporté dans le premier Tome du Journal du Palais : il ne jugea autre chose, sinon que le Mariage contracté par une Concubine malade, ne tomboit point sur la prohibition de l'Ordonnance, parce que l'Ordonnance ne parloit que de ceux qui étant malades épousoient leurs Concubines,

fans compter que dans l'efpece de cet
Arrêt, la maladie même de la Concubine
étoit contestée.

CHAPITRE VIII.

Du Tréfor trouvé.

PLufieurs de nos Auteurs parlent d'u-
ne ancienne Ordonnance de S. Loüis,
par laquelle tout Tréfor confiftant en efpeces ou en linguots d'or, appartient uniquement au Roi ; & c'eft fans doute fur
cette Ordonnance qu'eft fondé ce que
dit *Loifel en fes Inftitutions Coûtumieres,*
Titre de Seigneurie, N°. 52. que le Roi
applique à foi la fortune & trouve d'or ;
cependant nous trouvons que toutes les
fois que le cas s'eft prefenté, les Arrêts
fans ufer d'aucune diftinction, ont adjugé
le Tréfor au Seigneur Jufticier, à celui
qui l'a trouvé, & au Proprietaire du
fonds dans lequel il a été trouvé, le tout
en la maniere que nous l'allons expliquer.

Dans les Païs Coûtumiers, on adjuge
le Tréfor par égales portions au Seigneur
Jufticier & à celui qui l'a trouvé, fauf
s'il a été trouvé dans le fonds d'autri,

auquel cas, on le partage également entre celui qui l'a trouvé, le Proprietaire du fonds dans lequel il a été trouvé, & le Seigneur Justicier : " Trésor (dit la " Coûtume de Paris) caché d'ancienneté " & de tems immemorial, sera distribué, " à sçavoir, à celui qui le trouvera en l'he- " ritage sien la moitié, au Seigneur Haut- " Justicier l'autre moitié, & celui qui le " trouvera en l'heritage d'autrui, en aura " un tiers, & le Seigneur Haut-Justicier " l'autre tiers. "

Il en est autrement dans les Païs du Droit Ecrit : on y suit la disposition du Droit Romain, en la Loi Unique, *Cod. de Thesauris*, qui donne le Trésor en entier à celui qui l'a trouvé dans son propre fonds, & qui l'adjuge par égales portions, lorsqu'il a été trouvé dans le fonds d'autrui, à celui qui l'a trouvé, & au Proprietaire du fonds, le Seigneur Haut-Justicier en l'un & en l'autre cas exclus de toute prétention, *in suis quidem locis quærere & invento uti liberam tribuimus facultatem, quod si in alienis locis invenerit id quod repertum fuerit, dimidia retenta, altera dimidia data cum locorum Domino partiatur.*

Il y a quelques années qu'un Tréfor trouvé dans l'Archevêché de cette Ville, donna lieu à un grand Procès entre le Maçon qui l'avoit trouvé, M. de Colbert, lors Archevêque, & le Fermier du Domaine : celui-ci demandant la portion que les Coûtumes adjugent au Seigneur Justicier, c'est-à-dire, le tiers. La Caufe folemnellement plaidée à l'Audience de la Grand'-Chambre, il intervint Arrêt qui adjugea tout ce Tréfor à M. l'Archevêque, à la charge de l'employer, fuivant fon offre, à reparer le Palais Archiepifcopal : le Fermier du Domaine fe pourveut au Confeil ; mais M. de Pontchartrain, lors Controlleur General, & depuis Chancelier de France, étant inftruit de nos Ufages, lui impofa filence, & il ne fut plus fait aucunes pourfuites.

Cet Arrêt, difons-nous, adjugea tout le Tréfor à M. l'Archevêque de Touloufe ; & en cela il eft encore remarquable, (a) je veux dire, en ce qu'il refufa au Ma-

(a) Cet Arrêt eft du 25. Janvier 1702. en l'Audience de la Grand'Chambre Tournelle, plaidant M. l'Avocat General d'Avifard, qui declare ne faire aucune requifition de fon chef, fçachant que par la Jurifprudence de la Cour, le Roi ni le Seigneur Jufticer n'avoit aucun Droit fur les Tréfors.

çon qui avoit trouvé le Tréfor, la portion
qui fembloit lui appartenir naturellement.
Le Maçon n'avoit pas denoncé le Tréfor
d'abord après l'avoir trouvé : il l'avoit
latité, & il y avoit des preuves qu'il ne
le reprefentoit pas tout entier ; ainfi en
le privant de la portion qui lui appartenoit, on ne fit qu'adoucir la peine du
double à laquelle il auroit dû être condamné, fuivant la difpofition de la Loi
non intelligitur, §. *ult. ff. de jure fifci qui
in loco fifci thefaurum invenerit, & partem ad fifcum pertinentem fuppreſſerit totum
cum altero tanto cogitur folvere, &c.* Quelques années auparavant, & le 9. Juillet
1697. il avoit été rendu autre Arrêt en
la Chambre Tournelle, au Rapport de
M. de Lombrail, qui adjugea au fieur
de Bouffonele un Tréfor trouvé dans fon
fonds, à l'exclufion du Fermier du Domaine Partie en l'inftance, & de l'inventeur ; parce que celui - ci avoit fait fraude, & n'avoit pas découvert le Trefor
au Proprietaire, l'Arrêt portoit nommément que l'inventeur demeureroit privé de fa portion en punition de fon
dol.

L'Empereur Juftinien au §. *Theforos*

inftitutionibus de rerum divifione, ordonné
que le Tréfor trouvé dans un lieu Sacré,
doit appartenir en entier à celui qui l'a
trouvé ; mais la Queftion s'étant préfentée au Parlement de Paris, pour raifon
d'un Tréfor trouvé dans l'Eglife Paroiffiale
de Melun, on fe conforma fi peu à cette
Décifion, que le Tréfor en entier fut
adjugé à l'Eglife, (*a*) l'Arrêt eft rapporté par M. *Lebret*, *au Livre 5. de fes
Queftions Notables*, *Chapitre 4.* & *par
Mornac fur la Loi 67. ff. de rei vindicatione.*

Si un Tréfor, dit la Coûtume de Normandie, a été trouvé dans la Nef de
l'Eglife, il appartient à la Fabrique ; & s'il
a été trouvé dans le Chœur, il appartient
à celui qui doit entretenir le Chœur, *Lebret*, *en l'endroit ci-deffus cité.*

(*b*) Ce que dit Juftinien dans le même endroit, qu'il en eft du Tréfor trouvé
dans les Lieux où on enterre les morts,

(*a*) Bacquet des Droits de Juftice, Chap. 32. eft d'un
fentiment contraire.
(*b*) La Décifion de Juftinien peut être entenduë d'un
Lieu Religieux, dont la propriété appartient à celui
qui a trouvé le Tréfor, fuivant ce qui eft dit dans un
autre endroit, *Religiofum locum unufquifque fua voluntate
facit*, & la Loi 3. *de jure Fifci*, doit être entenduë
d'un Cîmetiere public.

comme de celui que l'on trouve dans un Lieu sacré, eft difficile à concilier avec la Loi 3. §. 10. *ff. de jure Fifci*, qui declare acquife au Fifc la moitié du Tréfor trouvé *in loco Religiofo* ; mais quoiqu'il en foit, l'ufage attefté par *Chopin, de Domanio, Liv.* 2. *Tit.* 5. *N.* 12. eft tel, qu'on adjuge le Trefor qui a été trouvé dans un Cîmetiere, à celui qui l'a trouvé, & à l'Eglife par égales portions.

On entend communement par Tréfor, *vetus quædam depofitio pecunia cujus non extat memoria ut Dominum non habeat* ; mais la définition qu'en donne la Loi Unique, *Cod. de Thefauris*, eft encore plus exacte lorfqu'elle appelle les Tréfors, *condita ab ignotis Dominis tempore vetuftiori mobilia* ; parce qu'en effet les chofes trouvées peuvent être qualifiées du nom de Tréfor, quoiqu'elles ne confiftent ni en efpeces, ni en matieres d'or ou d'argent.

CHAPITRE IX.

Des Droits Honorifiques de la Haute-Justice.

Celui qui a la Haute-Justice dans un Lieu, peut seul, & à l'exclusion de tous autres, se qualifier Seigneur de ce Lieu ; *Boissieu, Traité de l'Usage des Fiefs, Partie premiere, Chapitre 66.* en donne la raison ; *c'est*, dit cet Auteur, *que la Haute-Justice emporte superiorité, Commandement & Puissance publique, qu'elle est éminamment & par excellence, Domination & Seigneurie, & qu'elle seule a proprement ce qu'on appelle Territoire, Territorium indè dictum quod Magistratus jus ibi terrendi habeat* ; ceux qui ont la Directe sans Justice, ou qui n'ont que la Justice, Moyenne & Basse, ne peuvent se dire Seigneurs, sans ajoûter la qualification de Seigneurs Directes, de Seigneurs en la Moyenne ou Basse Justice.

Que si la Haute-Justice est demembrée ou divisée entre plusieurs Enfans ou Particuliers, celui-là seul à qui ap-

partient la principale portion, peut prendre la qualité de Seigneur, les autres
ne pouvant fe qualifier que Coffeigneurs,
ou Seigneurs en partie ; & fi les portions font abfolument égales, la portion
procedant du partage de l'Aîné, donne
cette Prérogative, *Brodeau fur Loüet, Lettre F, Chap.* 31. *Graverol fur Laroche, des
Droits Seigneuriaux, Chap.* 21. *N°.* 7.
& Boiffieu en l'endroit cité.

Les Litres & Ceintures funebres, tant
au-dedans qu'au dehors de l'Eglife, font
regardez comme un autre Droit Honorifique de la Haute-Juftice ; parce qu'en
effet, il n'appartient qu'au Seigneur Haut-
Jufticier du Lieu où l'Eglife eft bâtie ;
je dis au-dehors & au dedans de l'Eglife,
parce qu'il a été jugé que ce Droit n'appartenoit au Patron qu'au dedans de l'E-
glife : *M. Leprêtre* (*a*) cite un Arrêt entre autres rendu à fon rapport le 23.
Août 1614. Arrêt favorable d'un côté
au Seigneur Jufticier, mais de l'autre favorable auffi au Patron, en ce qu'il jugea
qu'au-dedans de l'Eglife les Litres &

_____

(*a*) M. Leprêtre, Arrêts de la 5e. Chambre des
Euquétes, pag. 46. Bacquet des Droits de Juftice,
Chap. 20.

Ceintures Funebres du Patron, devoient dans le concours être mises au-deſſus de celles du Seigneur.

Le Juſticier Moyen ou Bas , n'a pas Droit de Litres & Ceintures Fune-bres , & le Seigneur Directe encore moins. *M. Dolive* , *Liv.* 2. *Chap.* 11. rapporte que la Queſtion s'étant preſen-tée, tout ce que peut obtenir le Bas-Ju-ſticier, fut d'être admis à la preuve de la peſſeſſion immemoriale par lui alleguée : *M. Dolive* , dans le même endroit, fait des curieuſes recherches ſur l'étimologie du mot de *Litre* ; mais il nous ſuffit de ſça-voir que dans l'Uſage on n'entend point par ce mot une choſe differente de la Ceinture Funebre , qu'on entend par l'un & par l'autre cette marque de deüil em-preinte ſur la muraille de l'Egliſe après la mort du Seigneur pour honorer ſa mé-moire.

L'avantage qu'ont les Seigneurs de placer leur Banc dans le lieu le plus honorable de l'Egliſe, & dans le Chœur même de l'Egliſe, peut-être encore re-gardé comme un Droit Honorifique de la Haute-Juſtice ; *Loiſeau*, *Traité des Sei-gneuries*, *Chap.* 11. *N°.* 21. parle d'une

Ordon

Ordonnance de l'année 1539. qui donne Droit aux Patrons à l'exclusion de tous autres. *Pour faire cesser les contestations d'entre nos Sujets, avons ordonné : qu'aucun, de quelque Qualité & Condition qu'il soit, ne pourra prétendre Droit, Possession, Prerogative ou Prééminence au-dedans les Eglises, soit pour y avoir Banc, Siége, Oratoire, Accoudoir, Armoires, &c. Sinon qu'ils soient Patrons ou Fondateurs d'icelles, & qu'ils en puissent informer par Lettres & Titres de Fondation, &c.* Mais, comme l'a observé le même Auteur, ce Reglement fut fait uniquement pour la Bretagne, & pour des raisons sans doute particulieres à cette Province. Dans tout le reste du Royaume, les Patrons & Fondateurs n'ont jamais prétendu exclure les Seigneurs ; mais il est vrai aussi que les Seigneurs n'ont jamais contesté aux Patrons & Fondateurs la Préséance dans l'Eglise, & le choix du lieu le plus honorable, tant pour le Banc que pour la Sepulture.

Je dis les Patrons & Fondateurs ; car les Arrêts ont fait sur cette matiere une difference entre ceux qui se qualifient Patrons ; parce qu'ils ont le Droit de

F

Préfentation, & ceux qui font véritable-
ment tels, parce qu'ils ont fondé, dotté,
ou bâti l'Eglife ; on a accordé à ces derniers la Prééminence des Droits Honorifiques dans l'Eglife, mais on l'a refufée aux
autres, la préfentation regardée comme
un Droit qui peut être acquis par prefcription, & qui par conféquent ne fait
point de fuite pour les autres Droits attachez au Patronage, *tantum præfcriptum
quantum poffeffum.*

Loyfeau paffe bien plus avant ; car il
prétend que pour joüir de la Prééminence des Droits Honorifiques, il faut avoir
fondé, dotté & bâti, *conjunctim non
divifim* ; mais je doute que cette opinion fût fuivie dans l'Ufage ; les Confti-
tutions Canoniques declarent le Patronage acquis par la Fondation, par la
Dotation, & par la conftruction de l'E-
glife *divifim non conjunctim* ; or fi cha-
cune de ces chofes feparement acquiert
le Patronage, elle doit acquerir neceffairement tous les Droits attachez au
Patronage, du nombre defquels eft la
Préféance dans l'Eglife ; *Voyez Loyfeau,
Traité des Seigneuries, Chap.* II. *N.* 25.
& fuivans ; *Journal des Audiences*, *Tom.*

V. Liv. 8. Chap. 40. pag. 916. & Ma-
réchal des Droits Honorifiques , Tom. I.
page 170.

Les Bancs placés dans les Eglises donnent lieu tous les jours à une infinité de
contestations. Et voici, à peu près les
Maximes que nous observons en cette
Matiere, la disgreffion ne sera pas inutile.

La premiere de ces Maximes, c'est
que les Marguilliers font seuls en Droit
de faire des Reglemens touchant l'em-
placement ou deplacement des Bancs
contre le sentiment *d'Hostiensis*, qui dit
sur le Chapitre *Abolendæ extra de Sepul-*
turis in sedibus seu Banchis Ecclesiarum
Laïcos non posse sibi jus vindicare invito
Episcopo. Je dis les Marguilliers seuls ;
car quoique les Curés soient ordinairement appellez, ils ne le font pourtant
que par honnêteté & par bienséance,
leur avis, s'il est contraire à celui des
Marguilliers, n'étant d'aucune considera-
tion dans un affaire où il s'agit uniquement du Temporel de l'Eglise, il n'y a
d'exception à la Regle que pour le cas
marqué en *l'Art. XVI. de l'Edit de* 1695.
sçavoir, lorsque les Bancs font placez

de maniere qu'ils empêchent le Service
Divin, l'Evêque alors pouvant ordonner
que les Bancs seront reculez ou placez
ailleurs, & le Curé même, suivant le
sentiment de *Loyseau des Seigneuries*, Ch.
11. N. 65. pouvant le faire sans autre
formalité.

La deuxiéme, que si les Reglemens
faits par les Marguilliers donnent lieu à
des contestations, il faut avoir recours au
Juge Seculier, & non point au Juge
d'Eglise qui ne pourroit en connoître sans
abus.

La troisiéme, qu'il n'y a que les Patrons & les Seigneurs Hauts-Justiciers, qui
de Droit Commun doivent avoir Banc
dans l'Eglise, tout autre qu'eux, de quelque Condition & Qualité qu'il soit, ne
pouvant prétendre de Banc sans Titre, &
ce Titre n'est autre que la concession dûement faite par les Marguilliers.

La quatriéme, que les Particuliers habitans d'une Paroisse, autres que les Patrons & les Seigneurs Hauts-Justiciers,
sont si peu fondés en Droit Commun,
que quelque possession qu'ils eussent d'un
Banc, l'eussent-ils même de tems immé-
morial, elle leur seroit inutile sans Titre.

La Cinqüiéme, que la Conceſſion d'un Banc faite par les Marguilliers eſt toûjours revocable, parce que les Marguiliers ne peuvent obliger l'Egliſe ſans le conſentement univerſel des Paroiſſiens ; il n'y a d'autre exception que pour la Conceſſion faite à Titre onereux, & pour Argent employé au profit de l'Egliſe, le Banc ne peut être ôté que l'Argent ne ſoit préalablement rendu.

La ſixiéme, que ſi la Conceſſion d'un Banc a été faite par les Habitans en corps de Paroiſſe, elle ne peut alors être revoquée qu'avec connoiſſance de cauſe, qu'il n'y ait lezion, ou que la place du Banc ne ſoit neceſſaire pour faire quelque Bâtiment dans l'Egliſe, l'Argent en ce cas, comme dans le précedent, devant être rendu avant que le Banc ſoit ôté.

La ſeptiéme, que la Conceſſion d'un Banc, quoique conçüë en ces termes, *Pour en joüir à perpetuité*, eſt néanmoins perſonnelle, & ne tranſmet à celui à qui elle eſt faite que l'uſage du Banc pendant ſa vie, la Veuve, ſes Enfans, ou ſes Heritiers, n'ayant d'autre avantage que celui d'être préferez en faiſant un nouveau don à la Fabrique de l'Egliſe.

La huitiéme, que si la Concession du Banc est faite, tant pour celui qui stipule que pour ses Heritiers à perpetuité, l'effet de la Clause sera celui-là, que les Heritiers, tandis qu'il y en aura dans la Paroisse, joüiront du Banc, ou du moins que le Banc ne pourra leur être ôté sans rendre l'Argent donné à leur Auteur.

La neuviéme, que celui à qui a été faite la Concession d'un Banc, ne transporte point son Droit en quittant la Paroisse, au Locataire de sa maison, si ce n'est qu'il eut stipulé la Concession nonseulement pour lui & pour ses Heritiers, mais pour ceux encore qui, à l'avenir, seroient Détenteurs de sa maison, le Banc en ce cas ne pouvant être ôté au Locataire sans rendre ce qui a été donné pour la Concession, mais pouvant aussi être ôté en rendant ce que la Fabrique a reçû, *neque enim est servitus prædialis*, *&c.*

La derniere, que les Marguilliers sont seuls personnes legitimes pour demander qu'un Banc placé dans l'Eglise sans leur permission soit ôté, les Patrons même & les Seigneurs Hauts-Justiciers sont irrecevables, quoiqu'ils puissent pourtant demander qu'un Banc soit reculé, lorsqu'il occupe, par exemple, dans l'Eglise la place qui de Droit Commun leur appartient ; c'est à-dire, la place la plus honorable, toutes ces Maximes sont puisées dans nos meilleurs Auteurs, *Loiseau* entre autres, *Traité des Droits Seigneuriaux*, *Chap.* 11. *N°.* 60. *& suivans*, *Loüet & Brodeau*, *Lettre E. Ch. 9. Cambolas, Liv.* 1. *Ch.* 50. *Maréchal, des Droits Honorifiques, Ch.* 2. *Feuret, Titre* 1. *Liv.* 4. *Chap.* 9.

DEUXIÈME PARTIE.

Des Droits dûs au Seigneur Féodal par le Vassal.

NOus entendons par le Fief toute Possession ou Heritage que l'on tient à Foi & Hommage, Fief ainsi appellé *à Fide*, parce qu'en effet dans la premiere institution des Fiefs, la foi ou la fidelité étoit la seule condition de l'investiture, la seule obligation que le Seigneur imposoit au Vassal.

Les Fiefs n'étoient originairement que des Concessions à vie, & de-là vient sans doute que dans les Livres des Fiefs, ainsi que dans les anciennes Coûtumes, Fief & Benefice sont deux expressions synonimes : Depuis qu'ils sont venus hereditaires & Patrimoniaux, les Coûtumes pour indemniser les Seigneurs, ont établi en leur faveur le Quint & Requint, le Relief, le Rachat, & divers autres

Droits qui feront la matiere de cette feconde Partie.

Quoique nos Auteurs ayent fait des longues & curieuses differtations fur l'origine des Fiefs, il faut convenir que c'eft toûjours chofe fort obfcure, & pour laquelle on n'a que des préfomptions & des conjectures : Ceux qui la font remonter jufqu'au fiécle d'Augufte, prétendent que la diftribution des Terres nouvellement conquifes que cet Empereur faifoit à fes Soldats pour les attacher à fon Service, n'étoit en effet que ce que nous appellons aujourd'hui Inféodation ou Bail à Fief ; ceux qui l'attribuent aux Lombards, fe fondent avec affez de vraifemblance fur ce que les premiers qui ont écrit des Fiefs font deux Confuls de la Ville de Milan, *Gerardus Niger* & *Aubertus de Orto*, qui vivoient dans le douziéme fiécle, fous l'Empereur Frideric furnommé Barberouffe.

CHAPITRE PREMIER.

De la Foi & Hommage.

LA Glose du Chapitre dernier *extrà de regulis juris*, ne fait aucune difference entre l'Hommage & la Foi, ou le Serment de fidelité ; *Hommagium*, dit-elle, *id est Sacramentum fidelitatis* : Cependant il faut convenir que l'Hommage dans la signification qui lui est propre ajoûte au Serment de fidelité, en ce que celui qui le rend devient comme homme de celui qui le reçoit, *Hommagium quasi hominium* ; c'est-à-dire, qu'il soumet sa personne à son Seigneur, si on ne veut dire encore que l'Hommage est proprement cet Acte par lequel le Vassal jure & promet fidelité au Seigneur.

On distingue deux especes d'Hommage, l'Hommage lige, & l'Hommage simple ; celui-là attache & lie le Vassal plus étroitement que l'autre, le Vassal devient homme lige de son Seigneur, *ligius*, c'est-à-dire, *ligatus Domino suo* ; le Vassal promet & s'oblige de servir le

Seigneurs envers & contre tout, fans aucune exception ; ce qui fait, comme dit
Dumoulin fur la Coûtume de Paris, §. 1.
N. 8. que nous n'avons en France de Fiefs
liges que ceux qui font immediatement
mouvans de la Couronne, *folus Rex ha-*
bet Vaffallos ligios & illi foli debetur fi-
delitas ligia in fuo regno ; ou comme dit
encore *Argentré* fur la Coûtume de Bretagne, *Art.* 314. *N.* 4. *in Principis per-*
fonna feuda funt omnia ligia extrà eam
nulla, &c. *Boiffieu*, *pag.* 127.

La Coûtume de Paris à laquelle fe
font à cet égard conformées toutes les
Coûtumes du Royaume, prefcrit ainfi en
l'Art. LXIII. la forme ou la maniere de
rendre la Foi & Hommage : (*a*) ,, Le "
Vaffal pour faire la Foi & Hommage, "
& fes offres à fon Seigneur Féodal, "
eft tenu aller vers ledit Seigneur au lieu "
dont eft mouvant ledit Fief, & y étant "
demander fi le Seigneur eft au lieu, où, "
s'il y a autre pour lui ayant charge de "
recevoir les Foi, Hommage & Offres, "
& ce fait, doit mettre un genoüil en "
terre, nuë tête, fans épée & éperons, "
& dire qu'il lui porte & fait la Foi & "

(*a*) Voyez Henrys, Tome II. Liv. 3. Queft. 1.

„Hommage qu'il eſt tenu faire à cauſe
„du Fief mouvant de lui, & declarer
„à quel Titre ledit Fief lui eſt avenu, le
„Requerant qu'il lui plaiſe le recevoir,
„& où le Seigneur ne ſeroit trouvé, ou
„autre pour lui, ſuffit de faire la Foi,
„Hommages, & Offres devant la princi-
„pale porte du Manoir, après avoir ap-
„pellé à haute voix le Seigneur par trois
„fois, & s'il n'y a Manoir, au lieu Sei-
„gneurial d'où dépend ledit Fief, ou en
„cas d'abſence dudit Seigneur ou ſes
„Officiers, faut notifier leſdites Offres
„au prochain Voiſin dudit lieu Seigneu-
„rial & laiſſer copie. „

On trouve dans preſque tous les anciens Hommages, que le Vaſſal s'aſſujet-
tit à ſuivre ſon Seigneur à la Guerre ;
mais il en eſt de cette obligation comme
de celle qui diſtingue l'Hommage lige
de l'Hommage ſimple, je veux dire, de
celle à laquelle ſe ſoûmet le Vaſſal de
ſervir ſon Seigneur envers & contre
tous ſans aucune exception ; le Service Militaire n'eſt dû qu'au Roi, & le
Roi ſeul eſt en droit de l'exiger ; parce
que lui ſeul peut faire & declarer la
Guerre, *quod de armis*, dit Argentré

sur la Coûtume de Bretagne, *Art.* 311. *N.*
5. *quod de armis juramento olim contine-*
batur nunc eximi solet proptereà quod ne-
mini cuiquam jus est arma movendi ,
Boissieu.

Le Vassal étant ainsi dispensé par les
Loix du Royaume , & de l'obligation de
servir son Seigneur envers & contre tous ,
& de l'obligation encore du Service Militaire , malgré la condition de l'investiture
ou du Bail à Fiefs , M. *Boissieu de l'U-*
sage des Fiefs , *chap.* 2. *pag.* 18. a quelque raison de dire que la prestation de la
Foi & Hommage n'est plus aujourd'hui
qu'une ceremonie , & que les Fiefs ne
sont plus qu'une ombre d'honneur, que
des squeletes dépoüillées des nerfs qui
les soûtenoient & les faisoient mouvoir
autre fois ; mais cet Auteur devoit avoir
ajoûté , que les Loix du Royaume n'ont
dispensé le Vassal des deux obligations
dont nous venons de parler , que parce
qu'on les a regardées avec raison comme
une entreprise criminelle sur les Droits
du Souverain, à qui seul , comme il a été
dit , il appartient de recevoir des Hommages liges , & declarer des Guerres legitimes.

Ces devoirs extraordinaires refervez dans la conceffion des Fiefs , rendent affés vraifemblables les conjectures de quelques Auteurs , qui rapportent l'intro-duction de l'Ufage des Fiefs en France à ce tems (*a*) de defordre & de confu-fion , où les Seigneurs commencerent à ufurper dans les Provinces la plûpart des Droits Royaux , & la puiffance publique dont ils n'avoient auparavant que l'exer-cice.

Il eft remarquable que les Vaffaux font bien dechargez envers les Seigneurs dont ils relevent immediatement de l'o-bligation du Service Militaire , mais non point envers le Roi , & de-là vient que Sa Majefté convoque toutes les fois qu'el-le le juge à propos , non-feulement le Ban , c'eft-à-dire , les Poffeffeurs des Fiefs mouvans immediatement de la Cou-ronne , mais encore l'Arriere-Ban , c'eft-à-dire , des Poffeffeurs des Fiefs qui re-levent immediatement des Seigneurs Par-ticuliers appellez par cette raifon Arriere Fiefs ; on appelle *Ban & Arriere-Ban* la convocation que le Roi fait de la No-

(*a*) Vers la fin de la feconde Race de nos Rois , & la commencement de la troifiéme.

blesse, à raison des Fiefs qu'elle possede, mouvans immediatement ou mediatement de Sa Majesté ; parce qu'en effet on appelloit ainsi la proclamation que faisoient autrefois les Seigneurs pour convoquer ou assembler leurs Vassaux ; le mot de *Ban* a donné lieu encore à celui *de Banniere*, sous laquelle les Vassaux devoient se ranger, comme à celui de Banneret qu'on donnoit à tout Seigneur qui avoit un nombre suffisant de Vassaux pour lever Banniere, *Boissieu*, *pag.* 58.

Le Vassal doit faire ou rendre en personne Foi & Hommage au Seigneur Féodal ; & s'il y a empêchement legitime, le Seigneur peut & doit accorder au Vassal ce que les Coûtumes appellent *Souffrance* ; c'est-à-dire, un sursis jusqu'à ce que l'empêchement ait cessé, si mieux il n'aime recevoir la Foi & Hommage par Procureur : Le Chapitre unique *de statu Regularium in 6. §. verum quando Abbatissa*, contient une exception en faveur des Abbesses ou Prieurés qui possedent des Fiefs mouvans d'un Evêque ou de quelqu'autre Ecclesiastique ; mais cette exception confirme si fort la Regle, que si les Fiefs se trouvent mouvans de

quelque Prince ou Seigneur Seculier qui
ne veüille pas recevoir la Foi & Hommage par Procureur, le même Chapitre
ajoûte que les Abeſſes ou Prieurés doivent ſortir de leur Monaſtere pour ſatis-
faire à ce devoir, *ſic quod in fraudem re-*
ſidentiæ, vel moræ Clauſtralis nihil fiat
omnino, &c.

Il y a des Seigneurs qui ont ſubſtitué
à la preſtation de la Foi & Hommage,
certains devoirs biſarres, & ſi ces devoirs ſont tels que le Vaſſal ne puiſſe les
rendre lui-même en perſonne avec quelque bienſéance, les Arrêts ont jugé
qu'ils pouvoient être rendus par perſonne
interpoſée : Mr. *Boiſſieu de l'Uſage des*
Fiefs, chap. 4. pag. 22. en rapporte un
du Parlement de Paris, rendu en faveur
d'un Vaſſal, qui pour toute preſtation
de Foi & Devoir Seigneurial, étoit obligé de contrefaire l'yvrogne, de chanter
une Chanſon gailharde à la femme du
Seigneur Féodal, & de danſer enſuite à
la maniere des Païſans ; par cet Arrêt il
fut permis au Vaſſal de faire rendre le
devoir par une perſonne de Condition
Roturiere.

On peut mettre a u nombre des Devoirs

voirs bifarres, celui dont parle M. *Dolive*, *Liv.* 2. *Ch.* 8. & qui donna lieu à cette Queftion finguliere ; fçavoir, non point fi le Vaffal pouvoit fe difpenfer de le rendre, mais fi le Seigneur pouvoit fe difpenfer de l'exiger ou de l'accepter ? Le Baron de Ceiffac en cette qualité Vaffal de l'Evêque de Cahors, eft obligé lorf-que l'Evêque fait fa premiere entrée dans la Ville Capitale de fon Diocéfe, de l'al-ler attendre à un certain endroit marqué par les Titres, de le faluer en cet en-droit, nuë tête, fans manteau, le pied & la jambe droite nuë avec une pan-toufle, de prendre la Meule du Prélat par la bride, de le conduire ainfi à l'Eglife Cathedrale, & de-là au Palais Epifco-pal, & de le fervir à table pendant le dîner, après quoi la Meule & le Buffet lui demeurent acquis. En l'année 1627. l'Evêque de Cahors ayant fait fon entrée fans appeller le Baron de Ceiffac, celui-ci le fit affigner en payement de la lé-gitime valeur du Buffet ; & par Sentence des Requêtes confirmée par Arrêt l'Evê-que fut condamné, & le Buffet évalué à la fomme de trois mille & tant de li-vres.

G

L'Acte de prestation de Foi & Hommage est un Titre pour le Seigneur Feodal, mais c'est aussi un Titre pour le Vassal ; car par la Declaration de 1684. Art. IX. (*a*) portant Reglement sur la Nobilité des fonds, il sert à prouver la Nobilité des biens non fondez, d'ailleurs en présomption, pourveu qu'il soit ancien de cent ans au moins, & suivi d'un dénombrement ou autres Titres & Adminicules. (*b*)

L'Hommage est toûjours dû au Proprietaire, & non à l'Usufruitier du Fief Dominant, & il est toûjours dû par le Proprietaire & non par l'Usufruitier du Fief Servant, *Despeysses, pag.* 18. *Bacquet, des Droits de Justice, Chap.* 12. *n.* 14. Bien plus, lorsque le Roi aliene des Terres du Domaine, l'Hommage dû à raison de ces Terres, ne peut être rendu qu'à Sa Majesté, l'Ordonnance de Moulins, Art. XV. le décide ainsi en ces termes : *La Reception en Foi & Hommage*

(*a*) Biens présumez Nobles s'ils sont possedez par les Seigneurs Justicier: les biens dépendant des Eglises Cathedrales, Abbatiales & autres de Fondation Royale, &c.

(*a*) Par exemple, les quittances des taxes pour le Ban ou pour les Francs-Fiefs : Arrêts de Philippi, Art. 39.

des Fiefs dépendant des Terres Domaniales au cas d'alienation d'icelles, nous demeurera & appartiendra, & à nos Successeurs, & les profits desdits Fiefs, Foi & Hommage, & ce qui en dépend, à ceux à qui les Terres sont dûement & licitement transferées, &c.

L'Hommage doit être renouvellé à chaque Mutation, tant du Seigneur que du Vassal; depuis l'Avenement à la Couronne du Roi Louis XV. nous avons veu divers Arrêts du Conseil d'Etat, qui le supposent ainsi ; car Sa Majesté accordant par ces Arrêts des surcéances à ses Vassaux, pour raison des nouvelles Foi & Hommages qu'ils sont tenus de lui rendre à cause de son heureux Avenement à la Couronne, declare en même-tems n'entendre que sous ce prétexte, les Vassaux qui doivent la Foi & Hommage pour mutation arrivée de leur chef, puissent se dispenser de satisfaire à ce devoir dans les délais ordinaires.

CHAPITRE II.

De l'Aveu & Dénombrement.

DEnombrement est en matiere de Fiefs, ce qu'on appelle dans le Contrat censuel, *Declaration*, ou *Reconnoissance*. Le Vassal après avoir rendu la Foi & Hommage, doit fournir au Seigneur Féodal un Dénombrement de tout ce qu'il tient de lui, en marquant exactement & en détail la nature & la qualité des Droits & Revenus attachez au Fief, ainsi que la quantité & la qualité des Terres qu'il possede avec leurs Confrontations.

Aveu de Dénombrement ; on confond & on joint ordinairement ces deux mots pour exprimer la même chose, quoique en effet le mot *d'Aveu* pris séparement & dans la signification qui lui est propre, convienne mieux à l'Acte de reception de la Foi & Hommage qu'au Dénombrement.

Le Dénombrement, disons-nous, doit être exact, & s'il ne l'est pas, la plûpart

des Coûtumes puniſſent le Vaſſal, en
declarant acquis au Seigneur Féodal les
effets recelés ; ce qui eſt fondé, ſuivant
l'Obſervation de *Coquille en ſes Inſtitutions
du Droit François, Titre des Fiefs, ſur
la Loi Reſcriptum, ff. de his quæ ut in-
dignis, &c.* Qui prive un heritier de la
Quarte des effets qu'il a latité pour l'adjuger au Fiſc. (*a*)

Le Seigneur peut contraindre le Vaſſal par ſaiſie du Fief à lui fournir Aveu
& Dénombrement ; mais, comme nous
obſerverons ailleurs, la ſaiſie Féodale
qui ſe fait, faute par le Vaſſal d'avoir
fourni le Dénombrement, eſt bien differente de celle qui ſe fait, faute par le Vaſſal
d'avoir rendu la Foi & Hommage : celle-
ci acquiert les fruits au Seigneur, tant
& ſi long-tems qu'elle dure ; l'autre n'eſt
proprement qu'une peine comminatoire,
le Seigneur ne fait point les fruits ſiens,
ils ſont rendus au Vaſſal dès qu'il a ſatis-
fait.

Si le Fief eſt mouvant immédiatement
du Roi, le Dénombrement doit être

(*a*) Dumoulin trouve cette peine trop ſévere, &
croit qu'il ſuffit que le Seigneur puiſſe uſer de ſaiſie
ſur l'effet recelé, juſqu'à ce qu'il ſoit dénombré.

donné à la Chambre des Comptes, qui
ne le reçoit qu'après qu'il a été verifié
par les Juges ordinaires des Lieux, le
tout en la maniere, & avec les formalités dont parle *Bacquet*, *Traité des Droits
de Justice*, *Chap. 5. N.7. Despeysses*, *Tom.
III. pag.* 315. Et si le Fief est mouvant
d'un Seigneur Particulier, ce Seigneur
doit blâmer le Dénombrement dans les
40. jours après qu'il lui a été présenté ;
& ce délai passé, le Dénombrement est
tenu pour reçu & accepté.

CHAPITRE III.

De la saisie Féodale.

LA saisie Féodale est une suite naturelle de la matiere qui a été traitée
dans les Chapitres précedens ; sçavoir,
de la Foi & Hommage, de l'Aveu &
Dénombrement, parce qu'elle a lieu
toutes les fois que le Vassal refuse, ou
est en demeure de satisfaire à l'un ou à
l'autre de ces Devoirs.

La Coûtume de Paris en l'*Art. LXV.*
prescrit ce qui doit être observé de la

part du Seigneur avant qu'il puisse faire saisir : *Le Seigneur*, dit-elle, *ne peut mettre en sa main les Fiefs qui sont tenus de lui, jusqu'à ce qu'il ait fait faire les proclamations & significations que ses Vassaux lui viennent faire la Foi & Hommage dans quarante jours, & ce fait lesd. quarante jours passés, si lesdits Vassaux ne se présentent, il peut saisir & Exploiter les Fiefs tenus, &c. mouvans de lui, & faire les fruits siens, pourveu toutefois que ladite Publication & Signification ait été faite ; c'est à sçavoir, quant aux Fiefs étant ès Duchez, Comtés, Baronies, & Châtelainies dont ils sont mouvans, par proclamation à son de trompe & cri Public, par trois jours de Dimanche ou de Marché, si Marché y a : Et quand aux Fiefs étant hors desdites Duchés, Comtés, Baronies & Châtelainies dont ils sont mouvans, par signification faite au Vassal, à sa personne, ou au lieu du Fief s'il y a Manoir, ou au Procureur dudit Vassal si aucun y a, sinon au Prône de l'Eglise Paroissiale dudit Lieu un jour de Dimanche, ou autre jour Solemnel, &c.*

Lorsque la Saisie est faite, faute par le Vassal de rendre la Foi & Hommage, le

Seigneur fait les fruits siens pendant & si
long-tems que le Vassal est en demeure ;
mais il n'en est pas ainsi, comme nous
l'avons observé dans le Chapitre précedent, lorsque la Saisie est faite, faute par
le Vassal de donner le Dénombrement,
la Saisie en ce dernier cas n'est permise
qu'à la charge par le Commissaire établi
de rendre compte des fruits au Vassal après
qu'il aura satisfait.

Suivant l'Observation de *Coquille*, la
Saisie Féodale est un reste de l'ancien
Usage ou de la premiere institution des
Fiefs, suivant laquelle les Fiefs n'étant
que des Benefices à vie, le Seigneur les
reprenoit par la mort du Vassal ; *les Coû-*
tumes, dit cet Auteur, en donnant les
fruits au Seigneur, jusqu'à ce que le
nouveau Vassal ait rendu la Foi & Hommage, ne le dédommagent qu'imparfai-
tement de la proprieté qui lui étoit autrefois acquise. M. *Boissieu de l'Usage*
des Fiefs, *Chap.* 3. parle de quelques
Coûtumes où le Vassal perd non-seulement les fruits, mais la proprieté même
du Fief, s'il prend possession avant de
rendre la Foi & Hommage, & celles-là
approchent sans doute encore bien plus

de cette ancienne institution des Fiefs dont nous venons de parler , les Fiefs dans ces Coûtumes sont appellez Fiefs de danger.

On dit communement , que tant que le Seigneur dort , le Vassal veille , & que tant que le Vassal dort , le Seigneur veille ; & cette Regle nous fait parfaitement bien comprendre l'effet de la Saisie Féodale , soit par rapport au Seigneur , soit par rapport au Vassal ; *Coquille , pag. 19. tant que le Seigneur dort le Vassal veille* ; c'est-à-dire , que le Vassal fait les fruits siens pendant & si long-tems que le Seigneur demeure dans le silence, & dans l'inaction, que le Seigneur ne gagne les fruits que du jour de la Saisie Féodale , parce que jusqu'alors on presume qu'il est satisfait de son Vassal , & que si le Vassal n'a pas rendu la Foi & Hommage , c'est parce que le Seigneur a voulu l'en dispenser ; *tant que le Vassal dort le Seigneur veille* ; c'est-à-dire, que pendant & si long-tems que le Fief demeure saisi , ou pendant & si long-tems que le Vassal se tient dans l'inaction depuis que la Saisie a été faite , les fruits sont incommutablement acquis au Seigneur.

La Saisie Féodale que fait le Seigneur, faute par le Vassal de rendre la Foi & Hommage, est si privilegiée que le Seigneur fait les fruits siens, sans qu'il soit tenu d'acquitter les charges, & sans qu'il puisse encore être troublé par les Créanciers du Vassal, à raison des hypoteques contractées avant ou après l'ouverture du Fief. On trouve un ancien Arrêt du Parlement de Paris, qui dans le concours de deux Saisies faites, l'une par le Seigneur, & l'autre par les Créanciers, ne trouva point d'autre expedient pour faire cesser la Saisie Féodale, que de permettre aux Créanciers de nommer un Curateur pour faire rendre la Foi & Hommage.

L'Article XLV. de la Coûtume de Paris fournit au Vassal un expedient, mais un expedient dangereux, pour faire cesser la Saisie Féodale, & la joüissance du Seigneur, c'est de nier & desavoüer que le Fief soit mouvant de lui, & qu'il lui soit dû par consequent aucune prestation de Foi & Hommage, le desaveu fait cesser toute cause & tout prétexte de Saisie ; mais cet expedient, disons-nous, est dangereux ; parce que comme nous l'obferverons ailleurs , le Vaffal commet le Fief fi par l'évenement il fuc-combe.

M. de *Marca en fon Traité de Concordia Sacerdotii & imperii* , fait une longue differtation , pour prouver que la Regale , c'eft-à-dire , le droit qu'a le Roi de joüir d'un Evêché vacant , jufqu'à ce que le nouveau Prélat ait comme reçû l'inveftiture par la preftation du Serment de fidelité , n'eft proprement qu'une efpece de Saifie Féodale ; mais cette idée pourroit n'être pas jufte par plufieurs raifons. 1. Parce que la Regale étoit reçonnuë en France comme un Droit de la Coûronne , avant que l'Ufage des Fiefs y fût introduit. 2. Parce qu'en regardant la Regale comme une efpece de Saifie Féodale , il faudroit l'étendre aux Abbayes & autres grands Benefices du Royaume , ce qui pourtant n'a jamais été prétendu. 3. Parce que la Regale regardée comme une Saifie Féodale , donneroit feulement le Droit de joüir des Fiefs dépendant de l'Evêché vacant , quoiqu'il n'ait jamais été contefté que la Regale donne à Sa Majefté le Droit de joüir de tous les fruits & revenus fans diftinction, & en quoi qu'ils puissent consister.

Ce que nous avons dit dans ce Chapitre est plus curieux qu'utile, du moins
dans le Ressort du Parlement de Toulouse où la saisie Féodale n'a pas lieu.
Henris Tome I.

CHAPITRE IV.

De la Commise.

LEs Fiefs étant dans son origine une
concession gratuite, une pure liberalité de la part du Seigneur, il est juste
qu'elle soit revoquée par l'ingratitude du
Vassal ; ainsi par la disposition de toutes
les Coûtumes du Royaume, le Vassal
commet, c'est-à-dire, perd son Fief en
deux cas ; sçavoir, par le desaveu lorsqu'il soûtient qu'ils ne relevent point de
son Seigneur, & par la Félonie, lorsqu'il se porte à quelque excès contre son
Seigneur, & soit qu'il l'offense en sa
personne, en son honneur, ou en ses
biens.

La Commise a cela de particulier,
qu'elle fait revenir au Seigneur le Fief

exempt des hypoteques contractées par le Vaffal, & des hypoteques même les plus privilegiées. Nous trouvons dans le 1. Tom. du *Journal des Audiences*, *Liv.* 3. *Chap.* 14. *pag.* 239. divers Arrêts du Parlement de Paris qui l'ont jugé ainfi en faveur du Seigneur, contre la femme & autres Créanciers hypotecaires du Vaffal : ces Arrêts fondez fans doute fur ce que le Fief regardé comme une donation faite fous la condition de l'hommage de la fidelité , revient au Seigneur par le défaveu ou la Félonie du Vaffal, *ex antiqua caufa*, & comme dit Dumoulin, *non per modum tranfmiffionis alicujus juris Vaffalli fed per modum meræ privationis , negationis , & anni hilationis feudi.* La femme & les autres Créanciers convenoient , que la conceffion du Fief étoit revoquée par la Félonie & l'ingratitude du Vaffal, mais par là même ils entendoient prouver que le Seigneur ne pouvoit reprendre le Fief qu'à la charge des hypotques , parce qu'il eft décidé dans le Droit , que lorfqu'une donation eft revoquée par l'ingratitude du Donataire, le Donateur eft obligé d'acquiter les charges contractées avant la revoca-

tion, *ea*, dit la Loi 7ᵉ. *Cod. de revocand*
Donat. ea quæ antè inchoatum, cæptumque
jurgium, vendita, donata, permutata in
dotem data, cæterifque caufis legitimè alie-
nata funt minimè revocamus; ils ajoû-
toient que la reverfion du Fief par la
félonie du Vaffal, ne fe faifoit pas tellement *ex antiqua caufa*, qu'elle ne fe
fît auffi par le propre fait du Vaffal, qu'il
falloit fuivre la Doctrine de Dumoulin,
diftinguer la reverfion du Fief qui fe fait
pour la félonie, de celle qui fe fait en
vertu des conventions appofées au Contrat d'inféodation; comme s'il avoit été
ftipulé, par exemple, que le Seigneur re-
prendroit le Fief après cent ans; qu'en
ce dernier cas feulement il étoit vrai de
dire que la reverfion du Fief fe faifoit
ex antiqua caufa, parce que dans le premier elle fe faifoit *ex antiqua caufa*, &
par le fait du Vaffal tout enfemble; que
par conféquent dans le dernier cas feulement le Seigneur devoit reprendre le
Fief exempt des hypotéques, n'étant pas
jufte que le fort des Créanciers fût, pour
ainfi dire, comme entre les mains du Vaffal, qui par fa fidelité ou par fa félonie, pourroit leur conferver ou leur faire

perdre leurs dettes ; mais toutes ces raisons ne prévalurent point , & comme il
a été dit , la Question fut jugée en faveur
du Seigneur.

Il n'en seroit pas de même si le Fief
étoit confisqué par le crime du Vassal
autre que la Félonie, le Fief alors ne
seroit adjugé qu'à la charge des hypoteques ; la raison de la difference est sen-
sible , elle est prise de ce que la rever-
sion ne se faisant plus par le défaut de la
condition , sous laquelle a été faite originairement, la concession du Fief , je
veux dire par le défaut de fidelité du
Vassal, on ne peut point dire qu'elle se
fasse en aucun sens *ex antiqua causa* ; le
Fief confisqué par le crime du Vassal, autre que la Félonie , est de la nature de
tous les autres biens, qui par la disposition du Droit *toto titulo Codicis pœnis fis-
calibus creditores ante ferri* , ne sont jamais adjugez au Fisc au préjudice des
Créanciers, *Catellan*, *Liv. 3. Chap. 35.*

On entend par désaveu à l'effet de la
Commise, le refus que fait le Vassal de
reconnoître son Seigneur, & de lui rendre la Foi & Hommage ; ainsi comme
l'a observé *Dumoulin sur la Coûtume de*

Paris, *Tit. des Fiefs*, §. 2. Si la contestation formée entre le Seigneur & le
Vaſſal, ne regardoit que les charges
Féodales, & les Droits utiles du Fief ;
ſi le Vaſſal, par exemple, après avoir rendu, ou après avoir offert de rendre la
Foi & Hommage, refuſoit de payer le
Quint & Requint, cette conteſtation quoique temeraire de la part du Vaſſal, ne
donneroit pas lieu à la Commiſe du Fief ;
La Foi, dit l'Auteur que nous venons
de citer, eſt dûë en reconnoiſſance d'une
liberalité faite ſous cette condition : mais
le Quint & Requint, le Relief, Rachat,
&c. ſont des Droits établis après la premiere inſtitution des Fiefs, & qui ne
ſont pas proprement de la nature ou de
l'eſſence des Fiefs, &c.

 M. *Boiſſieu de l'Uſage des Fiefs*, *ch.*
5. & chap. 9. remarque que la Commiſe
du Fief par le déſaveu du Vaſſal, eſt une
peine odieuſe & contraire à la nature
des Fiefs depuis qu'ils ſont devenus hereditaires & patrimoniaux ; auſſi rappor-
te-t'il divers Arrêts du Parlement de
Grenoble, qui n'ont condamné le Vaſſal qu'à toute extremité : des Arrêts qui
avant de declarer le Fief acquis au Seigneur,

gneur, ont ordonné que le Vaſſal ſeroit ſommé & comminé par trois differens Actes, de rendre la Foi & Hommage.

Au ſurplus, comme tous les Fiefs ſont mouvans mediatement ou immediatement du Roi & de la Couronne, & que ſuivant l'expreſſion de *Dumoulin*, le Roi eſt la vive ſource, la cauſe premiere & univerſelle de tous les Fiefs du Royaume ; toutes les Coûtumes conviennent en ce point, que ſi le Vaſſal avoüe le Roi au préjudice de ſon Seigneur, c'eſt-à-dire, s'il ſoûtient qu'il releve immediatement du Roi, & que c'eſt à lui ſeul qu'il doit la Foi & Hommage, quel que ſoit l'évenement de la conteſtation, il ne commet point ſon Fief.

La Félonie, comme nous avons dit, eſt un terme vague qui comprend toutes les manieres dont un Vaſſal peut offenſer ſon Seigneur, & c'eſt aux Juges à déterminer par les circonſtances, ſi l'injure eſt telle & ſi grave qu'elle doive être punie par la Commiſe du Fief ; la plûpart des Coûtumes s'expliquent de cette maniere, que le Vaſſal commet le Fief par la Félonie ; *Coquille des Fiefs, pag.* 31. " Toutes les fois que par mal-ta- "

H

,, lent il met la main fur fon Seigneur ;
,, toutes les fois qu'il machine la mort,
,, ou deftruction de fon Seigneur, qu'il
,, pourchaffe fon deshonneur, qu'il for-
,, fait à la femme ou fille de fon Seig-
,, neur, ou qu'il lui fait autre dommage
,, notable, &c. ,, (a) Encore une fois, la
chofe dépend des circonftances, & il en
eft de la Commife du Fief, comme des
autres peines qui font toutes arbitraires
en France ; *Voyez Boiffieu, pag.* 17.

Si le Vaffal n'outrage pas impunement
fon Seigneur, le Seigneur de fon côté
n'outrage pas non plus impunement fon
Vaffal, la chofe eft reciproque ; perfonne
n'ignore comment & de quelle maniere
la Terre d'Yvetot dans la Province de
Normandie fût érigée en Principauté,
ou en Royaume : le Roi Clotaire après
avoir tué dans l'Eglife de Soiffons, Gau-
tier Seigneur d'Yvetot, ne fit que fe conformer à la Loi des Fiefs en affranchiffant cette Terre de fa Domination, &
des Rois fes Succeffeurs, *Laroque, Traité
de la Nobleffe, Chap.* 26.

(a) Loüet, Let. F. Ch. 9. rapporte un Arrêt, par lequel un Vaffal qui avoit donné un démenti au Seigneur, fut privé du Fief, mais pendant fa vie feulement.

CHAPITRE V.

Du Quint & Requint, Relief & Rachat.

LE Quint & Requint, Relief &
Rachat, étoient des Drois inconnus dans la premiere Inftitution des Fiefs;
les Coûtumes les ont établis pour dedommager les Seigneurs, depuis que les
Fiefs font devenus hereditaires & Patrimoniaux.

Quint & Requint, eft le Droit qui eft
dû au Seigneur, toutes les fois que le
Vaffal fait vente du Fief : On entend par
Quint la cinquiéme partie du prix de la
vente ; & par Requint, la cinquiéme
partie du Quint ; de maniere que fi le
prix, par exemple, eft de la fomme de
100. liv. il fera dû au Seigneur 20. liv.
pour le Quint ; & quatre livres pour le
Requint ; Le Droit de Quint & Requint
eft pour les Fiefs, ce que font les Lods
pour les heritages cenfuels & roturiers ;
& il y a même plufieurs Provinces dans
le Royaume, où l'un & l'autre de ces

H ij

Droits ne font connus que fous le nom
de Lods.

Si le Fief change de main par Succeffion, on diftingue fi c'eft en ligne directe
ou collaterale. Dans le premier cas, il
n'eft abfolument rien dû au Seigneur ;
dans le fecond, la plûpart des Coûtumes
donnent au Seigneur ce qu'on appelle
Relief ou Rachat, & ce Droit n'eft autre chofe que le Revenu d'une année,
qu'on regle par le Revenu des trois années
précedentes, en compofant des trois dernieres années une année commune. Rachat, dit M. *Coquille*, *Inftitutions du
Droit François*, *Titre des Fiefs*, "ainfi ap-
,, pellé ; parce qu'en effet au moyen de ce
,, Droit, on rachete la reverfion du Fief,
,, qui regulierement devroit avoir lieu lorf-
,, que le Vaffal décede fans enfans. Relief,
,, comme fi de nouveau le Seigneur re-
,, prenoit le Fief, ou qu'il relevât le Fief
,, tombé en caducité par la reverfion. ,,

Il y a des Coûtumes qui doivent au
Seigneur le Relief ou Rachat, lorfque
le Fief change de main par Donation,
fi ce n'eft que la Donation fût faite par
un Afcendant à un Defcendant en avan-
cement d'Hoirie, ou par Contrat de Ma-

riage. Il y en a d'autres qui le donnent dans les échanges ; & ce qu'il y a d'important à obferver fur cette matiere, c'eft que fi les Coûtumes des Lieux où font fituez le Fief Dominant & le Fief Servant, contiennent des difpofitions contraires, il faut fe regler par la Coûtume du Fief Servant. *Non debet*, dit Dumoulin, fur le s. 7. de l'ancienne Coûtume de Paris, N. 35. & 36. *attendi confuetudo Loci Dominantis fed Loci Feudi Servientis, quia in dubio Dominus dans in Feudum non cenfetur concedere fecundum confuetudinem fuam in qua commoratur, vel fitum eft Feudum Dominans, fed fecundum confuetudinem Loci in qua fita eft res in Feudum conceffa quia de Jure in his quæ concernunt rem vel jus rei, debet infpici confuetudo Loci ubi fita res eft ficut in concernentibus contractum, & emergentibus tempore contractus locus in quo contrahitur.*

Les Secretaires du Roi comptent parmi leurs Privileges, l'exemption du payement des Lods, Quint & Requint ; mais ce Privilege n'a lieu que pour les Acquifitions des Fiefs mouvant immediatement du Roi, & dont les Droits

H iij

Seigneuriaux lui appartiennent. Nous trouvons dans le premier Tome du Journal des Audiences, Liv. 5. Chap. 47. pag. 547. des Arrêts qui ont condamné des Secretaires du Roi à payer les Droits pour les Acquisitions des Fiefs mouvans, des Terres données en Appanage aux enfans de France. (a)

Le Seigneur Féodal est-il fondé de Droit Commun, à demander le Quint & Requint, toutes les fois qu'il y a Mutation de Fiefs à Titre de vente ? Nos meilleurs Auteurs décident que non, *de jure*, dit Ferriere sur la Question 167. de Guy-Pape, *de jure non debentur lau-dimia ex alienatione Feudi nisi vel pacto vel consuetudine aliud cautum sit* ; M. Maynard, *Liv*. 4. *Chap*. 33. s'explique dans les mêmes termes : Catellan, *Liv*. 3. *Chap*. 21. & il rapporte un Arrêt du Parlement de Bordeaux, par lequel, sur la contestation formée entre le Vicomte de Turenne, & l'Acquereur d'un Fief mouvant de la Vicomté, il fut ordonné qu'avant dire Droit, ce Seigneur justifie-

_____

(a) Les Secretaires du Roi des petites Chancelleries, jouïssent du Privilege pour les Terres situées dans le Ressort des Parlemens, près lesquels ils sont établis.

toit ce qui étoit par lui allegué ; fçavoir , que telle étoit la Coûtume des Lieux.

CHAPITRE VI.

De la Prélation ou du Retrait Féodal.

R Etrait , Prélation , ou Retenuë ; car ces trois expreffions font fynonimes, n'eft autre chofe que la faculté qu'a le Seigneur de retirer ou de retenir par préference le Fief vendu par le Vaffal , faculté introduite par les Coûtumes depuis que les Fiefs font devenus hereditaires & Patrimoniaux , & fubrogée ainfi que le Quint & Requint , au lieu de l'ancienne prohibition d'aliener.

C'eft une Faculté, difons- nous, introduite depuis que les Fiefs font devenus hereditaires & Patrimoniaux ; & c'eft , fans doute fans réflexion , que Dumoulin fur la Coûtume de Paris , §. 20. Gloff. 4. n. 8. parle du Retrait Féodal , comme d'un Droit effentiel à la nature des Fiefs , & connuë dès leur premiere Inftitution ; *Boiffieu* , *pag.* 100. *connaturalis ipſi Feudo, originaliter illi inexiſtens à prima conſtitutione Feudorum.* Si cet Auteur a voulu dire que tout Seigneur peut uſer de Prélation ou de retenuë, quoique ce Droit n'ait point été expreſſement reſervé dans la conceſſion du Fief, ſa déciſion eſt vraye ; car on ne doute point que le Droit Commun ne ſoit toûjours pour le Seigneur, & que le Seigneur ne puiſſe retraire toutes les fois que les Coûtumes des Lieux où les Fiefs ſont ſituez, ne contiennent point à cet égard des diſpoſitions contraires, *Benedicti* ſur le Chapitre, *Raynutius in verbo & uxorem nomine adelaſiam*, N°. 296. *Boiſſieu pag.* 100. *& 101. Catellan, Liv.* 3. *Chap.* 9. *Dolive, Liv.* 2. *Chap.* 28. Ce dernier rapporte un Arrêt rendu en faveur de M. de Monbrun contre le Sr. Laporte de Figeac. *Catellan, Liv.* 3. *Ch.* 11. parle de la Coûtume de Touloſe, & de Cahors qui exclud le Retrait Feodal, comme d'une exception au Droit Commun, lorſqu'il dit, *in praſenti Civitate Cadurci eſt conſuetudo quod Domini Feudales uti non poſſunt pralationis & idem ſervatur Toloſa per totam Vicariam, &c.*

On jugeoit autrefois que le Retrait ne pouvoit être cedé, & que le Seigneur pouvoit feul en ufer pour confolider, & reünir le Fief vendu par le Vaffal au Fief Dominant ; mais cette Jurifprudence a changé, foit qu'on regarde le Retrait comme un Droit utile du Fief, foit qu'il ne paroiffe pas jufte que le Seigneur dans l'impuiffance de rembourfer le prix de la vente, foit forcé de donner l'Inveftiture à un Vaffal qui ne lui eft point agréable ; on juge aujourd'hui dans prefque tous les Parlemens du Royaume, que le Seigneur a la liberté du choix, ou de reprendre lui-même le Fief vendu, ou de ceder fon Droit à un Tiers.

Je dis dans prefque tous les Parlemens du Royaume ; parce qu'en effet, il y en a qui n'ont rien changé à leur ancienne Jurifprudence, & de ce nombre font les Parlemens de Touloufe, & de Grenoble, où on juge non-feulement qu'un Tiers ceffionnaire des Droits d'un Seigneur eft irrecevable à demander le Retrait ; mais que le Seigneur même demandant le Retrait eft contraint de jurer fi c'eft pour lui veritablement qu'il agit, & s'il eft dans l'intention de rete-

nir le Fief : l'Ufage du Parlement de
Touloufe eft attefté par Laroche, *au Traité des Droits Seigneuriaux, Chapitre* 13.
Article I. que le Retrait peut être cedé
par un Co-Seigneur à l'autre Co-Seigneur. *Catellan, Livre* 3. *Chap.* 11. *pag.*
475. & celui du Parlement de Grenoble
par *M. Boiffieu*, *Traité de l'Ufage des*
Fiefs, Chap. 22. *Dolive, Liv.* 2. *Chap.*
29.

Le Seigneur demandant le Retrait,
peut être obligé de jurer s'il agit pour
lui & non pour autrui ; mais fuivant la
remarque de *Dumoulin*, on ne peut le
forcer à jurer qu'après avoir retrait, il
confervera le Fief & ne l'alienera point,
un ferment de cette nature feroit captieux, & ôteroit au Seigneur la liberté
qu'a un chacun de difpofer de fon bien,
Non tenetur affirmare quod non intendit
unquam in futurum alienare hoc enim ef-
fet captiofum & præjudicans juri & facul-
tati liberæ in re fua. Dumoulin, fur la Coû-
tume de Paris, §. 20. *N.* 31. *Boiffieu, pag.*
109.

On dit communement, que le Roi &
l'Eglife ne peuvent pas ufer du Droit de
Prélation ; mais cette maxime eft vraye

ou fauffe , fuivant les differentes applica-
tions qu'on en peut faire.

A l'égard du Roi , par exemple , il n'y
a fuivant l'obfervation de *Bacquet* , *Traité des Droits de Juftice* , *Chap.* 12. ni Loi ,
ni Ordonnance , ni Coûtume , qui lui ôte
la faculté de retraire , & qui le rende en
cela de pire Condition que tous les Seig-
gneurs de Fief , Sa Majefté , il eft vrai ,
ufe rarement de ce Droit ; mais c'eft
qu'il eft également de fon interêt & de
l'interêt de fes Sujets , qu'elle n'en ufe
pas ; il eft de l'interêt des Sujets du Roi,
parce qu'en peu de temps , il n'y auroit plus de Fief dans le Royaume qui fût
dans le Commerce , & qui ne fût réüni
au Domaine : & il eft de l'interêt même
du Roi , parce que tous les Fiefs du
Royaume étant une fois réünis au Domaine , la Nobleffe feroit dechargée du
Service Militaire ou dans l'impuiffance de
le rendre.

Il eft fi vrai , que la raifon dont nous
venons de parler eft la feule qui empêche le Roi d'ufer du Retrait ; que comme
cette raifon ceffe en la perfonne des En-
gagiftes , ou des Acquereurs du Domaine , les Arrêts ont jugé que les Acque-

reurs & les Engagiſtes pouvoient libre-
ment retraire les Fiefs mouvans des Terres alienées ou engagées, & non-ſeulement qu'ils pouvoient retraire, mais qu'ils
pouvoient même ceder leurs Droits à
un tiers dans les Provinces où le Retrait
eſt ceſſible ; *Voyez Laroche des Droits Sei-*
gneuriaux, Chapitre 13. *Article IV. Boiſ-*
ſieu, de l'Uſage des Fiefs, Chapitre 23.
Henris, livre 3. *Chapitre* 3. *Queſtion* 16.
Journal des Audiences, Tome I. Livre. 5,
Chapitre 47.

Pour ce qui regarde l'Egliſe, nous n'a-
vons, il eſt vrai, ni Loi, ni Ordonnance
qui lui ôte la faculté de retraire, mais
il faut convenir auſſi que cette faculté
lui eſt interdite par la diſpoſition de la
plûpart des Coûtumes, fondées, où ſur
ce que l'Egliſe ne peut, par les Loix du
Royaume, faire aucune acquiſition ſans
la permiſſion expreſſe du Roi, ou ſur ce
que, *comme dit Dumoulin ſur la Coûtu-*
me de Paris, §. 20. *Gloſ.* 1. *N°.* 2. il eſt
d'un interêt tout public, *ſub Feuda ſolita*
teneri à Laïcis onera ſubvenientibus conſer-
vari & non uniri menſæ Eccleſiæ.

Il eſt ſi vrai, que cette raiſon priſe
ou de l'interêt public, ou de l'incapacité

de l'Eglise, est le seul obstacle au Retrait,
que dans les Provinces où le Retrait est
cessible, on juge constament que l'E-
glise peut en user : l'Eglise en use à la
charge de vuider les mains dans l'an &
jour, & si elle ne vuide les mains dans
le délai, le Fief demeure acquis irrevocablement au premier acquereur, *Voyez
Boissieu de l'Usage des Fiefs*, Chap. 24.

Les Coûtumes ne décident point dans
quel délai le Seigneur doit former la demande en Retrait ; mais suivant l'opinion
commune, cette demande doit être formée dans l'an, à compter du jour que le
nouveau Vassal a dénoncé son Acquisition
au Seigneur, & lui a demandé l'Investiture ;
que s'il n'y a point de denonciation de
la part du Vassal, il en est de cette action comme de toutes les autres qui ne
prescrivent qu'après trente ans, sans distinguer si le Seigneur a sçu, ou s'il a
ignoré la vente : *Feriere sur la Question*
411. *de Guy - Pape, Laroche, des Droits
Seigneuriaux*, Chap. 13. *Art. XIII. &
XV.Catellan, Liv.* 3. *Chap.* 10.

Si le Fief Dominant appartient à deux
differens Seigneurs, dont l'un veüille
user du Retrait, & l'autre veüille au

contraire accorder l'Investiture à l'Acquéreur, le Droit de celui qui ne veut pas user de son Droit, accroîtra-t'il à celui qui en veut user, de maniere qu'il puisse malgré l'Acheteur retraire & retenir l'entier Fief vendu ; ou si ce Seigneur ne veut retraire que la moitié du Fief vendu , pourra-t'il être contraint (l'Acquéreur ne voulant point consentir à la division) à retraire & retenir l'entief Fief? Les Arrêts ont jugé l'une & l'autre de ces Questions en faveur de l'Acheteur: Il a été jugé que le Droit du Seigneur qui ne veut point user du Retrait, n'accroissoit point à celui qui vouloit en user, & il a été jugé aussi que l'Acheteur ne pouvoit être forcé à cizailler & diviser son Contrat de vente.

L'Acheteur , disons-nous , ne peut être forcé à consentir à la division du Fief vendu , lorsque l'un des Co-Seigneurs veut retaire ; mais en est-il de même , lorsqu'on achete par un seul & même Contrat, & à un seul prix plusieurs Fiefs mouvans de divers Seigneurs , le Seigneur en ce cas qui voudra retraire le Fief qui est de sa mouvance, pourra-t'il être forcé par l'Acheteur, ou de rehoncer à son Droit ou de retraire tout ce qui est compris dans le Contrat de vente ? Non sans doute ; *Dumoulin sur la Coûtume de Paris*, §. 20. in verbo, *le Seigneur Féodal, n.* 55. le décide ainsi formellement ; cet Auteur passe encore plus avant , car il prétend que toutes les fois que le contrat de vente comprend plusieurs Fiefs distincts & separés , mouvans d'un même Seigneur , le Seigneur sans distinguer s'il a la mouvance à raison d'un seul Fief Dominant ou de plusieurs, peut user de Retrait pour l'un des Fiefs seulement , & donner l'investiture pour les autres, *respectu unius poterit emptor cogi ad fidelitatem & alia jura investituræ , & respectu alterius ad dimittendum pro pretio & legalibus impensis* , & l'unité du contrat de vente , ajoûte-t'il , ne sera pas un obstacle à ce cizaillement, *quia fiet arbitrio peritorum æstimatio omnium Feudorum venditorum ut sciatur quantùm de pretio convento cuique respondeat & sic quantùm sit refundendum ratione illius in quo jus prælationis eligitur & quantum jure quinti denarii pro aliis Feudis non retentis petendum* : *Voyez Dumoulin en l'endroit cité ; Loüet & Brodeau , Lettre R ,*

Chap. 25. & 26. *Boiſſieu, de l'Uſage des Fiefs*, *Chap.* 25. & 26. & ce que nous obſerverons ci-après en parlant du Retrait Cenſuel.

Nous finirons ce Chapitre, en obſervant que dans le concours du Seigneur Féodal & d'un Retrayant lignager, on donne la préference; ſçavoir, dans les Païs Coûtumiers au Retrayant lignager; dans les Païs du Droit Ecrit, au Seigneur Féodal : *Larroche, des Droits Seigneuriaux*, *Chap.* 13. *Art. VIII. Duranti*, *Queſt.* 84. *Catellan, Liv.* 3. *Chap.* 11.

CHAPITRE VII.

Du Droit d'Amortiſſement.

CE que nous avons dit dans le Chapitre précedent, que l'Egliſe par les Loix du Rauyaume eſt incapable d'acquerir, & que c'eſt une des raiſons pour leſquelles elle ne peut uſer du Retrait Féodal, nous met dans la neceſſité d'expliquer, ſurquoi peut être fondée cette incapacité, & par quels moyens elle peut

peut être levée, c'est ce que nous nous proposons dans ce Chapitre en parlant du Droit d'Amortissement.

Nous trouvons dans la Conference de Guenois au Titre du *Temporel de l'Eglise*, de très-anciennes Ordonnances, qui défendent à l'Eglise d'acquerir des immeubles, & le motif de la prohibition ne peut être sans doute qu'une raison de politique ; car suivant l'Observation *d'Argentré sur la Coûtume de Bretagne*, ART. 346. l'Eglise acquerant toûjours, & ne pouvant jamais aliener, qu'arriveroit-il ; autre chose sinon que par succession de tems tous les biens qui sont dans le Commerce seroient au pouvoir de l'Eglise & des Ecclesiastiques : *Brevi totius orbis Domini fierent si eò influerent omnia. & refflueret nihil, interdicta alienatione semel acquisitorum* : Outre cette raison generale & commune à toute sorte d'acquisitions, il y en a encore une particuliere pour les Fiefs ; elle est prise de ce que les Ecclesiastiques ne pouvant point rendre les devoirs & les services qu'exigent les Droits des Fiefs, il est de l'interêt du Roi & de l'Etat, que cette nature de biens ne puisse être possedée que par des Laï-

ques, *publicè interest*, dit Dumoulin, *Feuda & sub Feuda solita teneri à Laïcis,
onera subvenientibus conservari, & non
uniri mensæ Ecclesiæ*, Dumoulin sur la
Coûtume de Paris, §. 20. Glos. 1. n. 2.

La prohibition ne tombe que sur
les immeubles & Droits immobilieres;
ainsi les Rentes constituées a prix d'Argent n'y sont comprises que dans les Païs
où elles sont reputées immeubles. Dans
la Coûtume de Paris, par exemple, les
Rentes constituées sont reputées immeubles; mais dans cette Province nous les
regardons comme des effets mobiliaires,
que l'Eglise par consequent a une entiere liberté d'acquerir & d'aliener, &
qui n'ont aucune suite par hypoteque.

S'il est ainsi, comme nous venons de
le dire, que l'Eglise par les Loix du Royaume ne peut faire aucunes acquisitions,
il est aisé de comprendre que le Roi seul
peut lever l'incapacité : M. *Lebret*, *Traité de la Souveraineté*, *Liv.* 4. *Chap.* 11.

Habitans d'une Communauté, condamnez au payement du Droit de nouveaux Acquets pour le simple
usage d'une Forêt, étant indifferent qu'on jouïsse d'un
inmeuble comme Proprietaire, comme Usufruitier, ou
comme Usager. Bacquet, *des Francs Fiefs*, *Chap.* 9.
nomb. 11, & *des nouveaux Acquêts*, *Chap.* 32.

parle de quelques permiſſions accordées par des Seigneurs Particuliers : mais il en parle comme des entrepriſes ſur les Droits du Roi & de la Couronne, & il rapporte en même - tems les Arrêts qui les ont declarées nulles & de nul effet.

L'Uſage a donné le nom d'Amortiſſement à ces Permiſſions que le Roi accorde à l'Egliſe d'acquerir des immeubles. *Amortiſſement* ; c'eſt - à - dire, Permiſſion accordée à Main morte, *in Manum mortuam Tranſlatio Principis juſſu.* Suivant l'opinion de quelques Auteurs, le Roi amortit lorſqu'il permet à l'Egliſe d'acquerir dans le même ſens, qu'on dit d'un Seigneur qui affranchit un fonds qu'il amortit la Rente ou Cenſive ; mais ce qui prouve que cette penſée eſt fauſſe, c'eſt que l'Amortiſſement de la part d'un Seigneur Directe, ſuppoſe toûjours l'extinction de quelques Droits utiles ; au lieu que le Roi amortit, c'eſt - à - dire, permet à l'Egliſe d'acquerir dans le cas même où Sa Majeſté ne reçoit aucun préjudice de l'acquiſition.

Le Roi n'amortit point ſans qu'il en coûte, & juſques - là qu'on tient pour Maxime, que tout Amortiſſement ac-

cordé fans finance eft nul, les Droits en
font reglez par une *Declaration du* 5.
Juillet 1689. & ils font plus ou moins
forts, fuivant que l'Eglife en retire plus
ou moins d'avantage, pour les Fief,
par exemple, & autres biens Nobles
mouvans immediatement du Roi, les
Droits de l'Amortiffement font reglez au
tiers de la valeur, & pour les biens en
roture qui font dans la Cenfive du Roi
fur le pied du cinquiéme : Pour les Fiefs
& autres Biens Nobles mouvans immediatement du Roi en Arriere Fief, en
quelque degré que ce foit, les Droits font
reglez au Quint, & au fixiéme pour les
Terres en roture tenuës en Cenfive des
Seigneurs Particuliers. **Sa Majefté** en
permettant à l'Eglife d'acquerir des Fiefs
mouvans immediatement de la Couronne, ou des Biens en roture qui relevent
de fa Directe, amortit en effet, c'eft-à-
dire, affranchit les Biens acquis de tous
Droits, *Bacquet, Traité du Droit d Amortiffement, Part.* 4. *Chap.* 48. *N.* 3. fi
ce n'eft que par les Lettres d'Amortiffement ils foient expreffement refervez ;
& par cette raifon, il eft jufte qu'il en
coûte plus à l'Eglife, que lorfqu'elle ac-

quiert des Fiefs qui ne relevent que mediatement du Roi, ou des Biens en roture qui font dans la Cenfive des Seigneurs Particuliers, les Lettres d'Amortiffement en ce dernier cas, n'affranchiffant point les Biens des Droits aufquels ils étoient auparavant affujettis.

Il eft remarquable que les Lettres d'Amortiffement pour quelque nature de Biens qu'elles ayent été accordées, ne peuvent fervir qu'à l'Eglife, à qui il a plû au Roi de les accorder : Un Chapitre, par exemple, acquiert un fonds, après avoir obtenu des Lettres d'Amortiffement, & quelque tems après il en fait vente à une Communauté Ecclefiaftique, il faudra neceffairement de nouvelles Lettres, parce que comme dit *Bacquet du Droit d'Amortiffement, Partie 4. Chap. 46. n. 3.* la grace ou le Benefice d'Amortiffement eft pur, perfonnel, non ceffible ni tranfmiffible à autres que ceux qui l'ont impetré du Prince. Il en eft de même lorfque l'Eglife fait vente à des particuliers ; en ce cas, comme dans l'autre, le Roi rentre dans tous fes Droits, & les Lettres d'Amortiffement, quelque finance qui ait été payée, demeurent pour

I iij

non avenuës. *Bacquet*, *ibidem*, *Chap. 61.*

Il n'y a pas nullité dans l'acquifition
que fait l'Eglife avant d'avoir obtenu des
Lettres d'Amortiffement ; mais l'effet de
la contravention aux Loix du Royaume
qui défendent à l'Eglife d'acquerir, eft
tel que Roi peut la contraindre à vuider les mains, & faute d'avoir vuidé les
mains dans le délai prefcrit, de réünir
les Biens acquis au Domaine, Sa Majefté n'ufe point de ce Droit à la rigueur,
Declaration du 8. Juillet 1689. elle laiffe
ordinairement l'Eglife en la poffeffion des
Biens qui lui font avenus, foit à Titre
onereux, foit à Titre lucratif, & fe contente d'exiger une finance, la même à
peu près qui auroit été dûë pour l'A-
mortiffement, *Droit des nouveaux Acquêts.*

Sur la Queftion, fi celui qui donne un
fonds à l'Eglife eft obligé de payer l'A-
mortiffement, les Arrêts ont diftingué
entre la Donation, & le Legs ou autre difpofition de derniere volonté. La
Donation, a-t'on dit, eft un Contrat
ftricti juris, on n'y fupplée rien : ce qui
n'y eft pas exprimé eft préfumé omis à
deffein ; & l'Eglife en acceptant la Do-

nation , doit s'imputer de n'avoir pas ftipulé du Donateur , qu'il feroit obligé de
payer l'Amortiffement ; il n'en eft pas
de même des difpofitions de derniere volonté , celles-ci font fufceptibles d'interprétation , & on doit préfumer naturellement que le Teftateur a voulu charger
fon heritier de faire joüir le Legataire
de l'entier Legs , & de payer tout ce
qu'il faut pour l'en faire joüir, *argumen-
to Legis his verbis* , §. *item Teftator de Le-
gatis* 3. où il eft dit, *militia Legata in-
troitus militiæ & onera omnia ab hærede
effe præftanda.* Suivant cette diftinction ,
on a jugé , & on juge tous les jours , que
l'Eglife eft tenuë de payer l'Amortiffement des fonds qui lui font leguez. *Voyez Loüet & Brodeau , Lettre A , Ch.* 12.
Catellan , Liv. 2. *ch.* 85.

Nous finirons ce Chapitre en obfer-
vant , que ce que nous avons dit de l'E-
glife eft commun à tout ce qu'on appelle
Gens de Main - morte ; c'eft - à - dire , à
tous les Corps , Colleges & Commu-
nautez Ecclefiaftiques ou Laïques. On
les appelle Gens de Main - morte , parce
qu'ils ne meurent jamais ; mais fuivant
l'Obfervation de *Bacquet, Traité des Francs-*

I iv

Fiefs , *Chap. 5. N. 9. Main morte , per antiphrafim quod minime moriantur.* Il semble que par cette raifon là même, on dévroit les appeller plûtôt Gens de Main - vive.

CHAPITRE VIII.

De l'indemnité & de la preftation d'Homme vivant , Mourant & Confifquant.

IL ne fuffit pas à l'Eglife pour acquerir & poffeder des immeubles , d'obtenir des Lettres d'Amortiffement ; il faut encore qu'elle dédommage les Seigneurs Particuliers de la perte qu'ils fouffrent, de ce que l'Eglife ne meurt jamais , de ce qu'il lui eft prohibé d'aliener , & de ce que par le crime elle ne peut jamais donner lieu à la Confifcation.

L'Eglife ne meurt jamais, & par - là le Seigneur eft privé des Droits dûs à la mort du Vaffal ou de l'Emphitéote ; l'Eglife ne delinque point , car le crimes des Ecclefiaftiques ne lui eft jamais imputé,

& par là le Seigueur Justicier est privé
de toute esperance de voir ordonner à
son profit la confiscation des Biens ; l'E-
glise ne peut aliener, & par - là le Seigneur est privé pour toûjours des Droits
de Lods , Quint & Requint , qui lui
sont dûs à chaque changement de main.

Le Seigneur est dédommagé de la perte qu'il souffre , en ce que l'Eglise ne
meurt jamais , par la prestation d'un
Homme Vivant & Mourant ; c'est-à-dire,
par la Nomination que fait l'Eglise d'un
Homme qui tient pour ainsi dire sa place, & que les Coûtumes appellent par
cette raison *Vicaire de la Main - morte* ,
d'un Homme à la mort duquel le Seigneur exige les mêmes Droits qu'il exi-
geroit à la mort du Vassal ou de l'Emphitéote. Le Seigneur Justicier est dédommagé de ce qu'il souffre , en ce que
l'Eglise ne delinque point par la prestation d'un Homme.Vivant & Confiscant :
c'est-à-dire, par la Nomination que fait
l'Eglise d'un Homme dont le crime donne lieu à la Confiscation au profit du
Seigneur , comme si cet Homme étoit
son veritable Justiciable ou le veritable
Proprietaire des Biens , & le Seigneur

enfin eft dédommagé de ce qu'il fouffre ;
en ce qu'il n'eft pas permis à l'Eglife d'a-
liener, par l'indemnité que l'Eglife eft
obligée de lui payer plus ou moins grande, fuivant la differente nature des biens,
& dont la liquidation par la Jurifprudence du Parlement de Touloufe, eft toûjours renvoyée à des Experts. (*a*)

On comprend par - là que l'indemnité
& la preftation de l'Homme Vivant,
Mourant & Confifcant font deux chofes
differentes, & qu'on ne doit pas con-
fondre deux Droits differens, & qui ne
s'excluent pas l'un l'autre ; rien n'empê-
cheroit fans doute, qu'on ne pût obliger la Main-morte à payer d'abord une
indemnité telle qui dédommageât antie-
rement le Seigneur, & qui rendît inutile
la preftation de l'Homme Vivant, Mourant & Confifcant ; mais encore une fois
l'Ufage l'a reglé autrement, *tenetur ma-*
nus mortua, dit Chopin, *de Domanio*,
Lib. 1. *Tit.* 14. *N°.* 5. *Ultrà indemnita-*
tis prætium offerre Patrono virum morti &
noxæ commifforiæ Feudi obnoxium, & M.
Dolive, au Livre 1ʳ. *Chap.* 2. rapporte,

(*a*) Le tiers du prix pour les Biens Féodaux, & le
cinquiéme pour les Biens Roturiers.

divers Arrêts qui l'ont jugé ainsi.

Les termes dont se sert *Chopin*, en l'endroit que nous venons de citer, *virum morti & noxæ Commissariæ Feudi obnoxium*, font naître une difficulté ; sçavoir, si le Seigneur Féodal & non Justicier, peut demander à la Main-morte un Homme par la Félonie duquel le Fief tombe en Commise : *Dumoulin , Titre des Fiefs*, §. 5. N°. 63. décide que non ; mais la raison dont se sert cet Auteur, prise de la *Loi 83. ff. de verborum obligationibus* , où il est dit ; *casum adversamque fortunam expectari hominis liberi neque civile esse neque naturale*, paroît bien vague & peu concluante ; car il s'ensuivroit de-là que le Seigneur Justicier seroit aussi peu fondé à demander un Homme dont le crime donnât lieu à la Confiscation des Biens, *Boissieu*.

L'indemnité peut être prescrite, mais non point la prestation de l'Homme Vivant, Mourant, & Confiscant : on regarde l'indemnité comme un profit de Fief subrogée au lieu & place des Droits Casuels prescriptibles de leur nature, & sujette par conséquent elle-même à la prescription ; on regarde au contraire la

preſtation d'Homme Vivant, Mourant &
Confiſcant, comme un Droit de Fief
dû au Seigneur en reconnoiſſance de ſa
ſuperiorité, & par conſéquent impreſ-
criptibles : *Boiſſieu de l'Uſage des Fiefs*,
Chap. 59. *Dolive*, *Liv.* 1. *Chap.* 12. *Ar-*
gentré ſur la Coûtume de Bretagne, *Art.*
346. *Bacquet*, *Traité du Droit d'Amortiſſe-*
ment, *Chap.* 60.

Nous avons dit dans le Chapitre précedent, que les Titres d'Amortiſſement
ne ſervoient qu'à la Main-morte, à qui
ils avoient été accordés, que c'étoit
une grace perſonnelle & non ceſſible :
en ſorte que la Main-morte venant à aliener le fonds Amorti, comme elle le peut
en certains cas, & avec certaines formalitez, le Roi rentroit dans tous ſes Droits,
quand même l'alienation ſeroit faite en
faveur d'une autre Main-morte : en eſt-
il de même de l'indemnité ? Une Main-
morte achete un fonds, & après avoir
payé l'indemnité au Seigneur, elle en
fait vente ou le donne en échange, ſoit
à quelque Particulier, ſoit à une autre
Main-morte ; ſi c'eſt un Particulier, ſera-
t-il obligé de payer les Lods, ou le
Quint & Requint ? & ſi c'eſt une Main-

morte, fera-t'elle obligée de payer au Seigneur un nouveau Droit d'indemnité ? Tous nos Auteurs décident cette Question en faveur du Seigneur, contre l'Acquéreur quel qu'il soit, & les Arrêts l'ont jugé de même ; *Voyez le Journal des Audiences, Tom. I. Liv. 6. Chap. 22. & Bacquet du Droit d'Amortissement, Chap.* 46.

Nous avons dit encore, en parlant de l'Amortissement, que celui qui legue un fonds, est obligé de le faire amortir à ses dépens ; & il en est de même de l'indemnité, la raison prise de la Loi *His Verbis*, §. *item Testator de Leg.* 3. est commune à l'un & à l'autre de ces Droits, & les Arrêts rapportez par *Loüet & Brodeau, Lettre A, Chap.* 12. n'y ont fait aucune difference.

M. *Boissieu de l'Usage des Fiefs, Chap.* 59. remarque que lorsque les Mains mortes possedent des Biens par des Baux ou des Concessions que les Seigneurs eux-même leur en ont fait, les Seigneurs en ce cas ne peuvent demander ni indemnité ni prestation d'Homme Vivant, Mourant & Confiscant, si ce n'est que ces Droits eussent été expressement reservés, & c'est

ainfi en effet que la Queftion a été jugée au Parlement de Toulouſe., par Arrêt rapporté par M. de *Catellan*, *Liv.* 3.
Chap. 24.

Il y a un Edit ou Declaration du mois
de Fevrier 1713. portant qu'à raiſon des
Terres acquiſes pour la conftruction des
Forts , Cazernes , Murailles , Foffez ,
Remparts , & autres Edifices qui feront
faits pour le fervice du Roi , ainfi que
pour la conſtruction des Egliſes Parroiſ-
fiales , Cimetieres , Maiſons Presbitera-
les , Places publiques , Hôtels de Ville ,
Fours , Preffoirs , Moulins , Colleges ,
Seminaires , & autres Edifices faits pour
l'ufage du Public , ou pour l'embelliffe-
ment des Villes , les Seigneurs ne pourront exiger que le fort principal des Cen-
fives aufquelles les fonds feront fujets ;
fçavoir , à raiſon du denier vingt-cinq ,
fi la directe eft feparée de la Juftice , &
au denier trente , fi elle y eft jointe , la
Directe au moyen de ce payement éteinte à perpetuité , Sa Majefté declarant ne
vouloir rien innover à l'égard des acquifitions qui ont été ou qui feront faites
par Gens de Main-morte pour leurs uſa-
ges particuliers , foit pour la conſtruc-

tion des Maisons Religieuses, Jardins, Parcs, Enclos, ou pour quelqu'autre usage que ce soit, qui leur soit particulier.

CHAPITRE IX.

Des Dîmes Inféodées.

LA matiere de ce Chapitre, est une suite necessaire de celle qui a été traitée dans les deux Chapitres précedens ; car la principale Question que nous nous proposons d'examiner regarde l'Amortissement & l'indemnité ; sçavoir, si l'Eglise peut se dispenser de payer l'un & l'autre de ces Droits dans le cas même où elle acquiert des Dîmes Inféodées.

L'Opinion la plus commune touchant l'origine des Dîmes Inféodées, est celle qui la rapporte au tems de Charles Martel en 730. Ce Prince, suivant le témoignage des Historiens, dépouilla toutes les Eglises pour enrichir de leurs dépoüilles ceux qui le servoient à la Guerre, *jus Sacrarum decimarum militaribus viris*

attribuit ; & quoi que la Conceſſion qu'il
en faiſoit ne fût qu'à tems , néanmoins
dans la plûpart des endroits la Nobleſſe
trouva moyen de les retenir, & les con-
fondit dans la ſuite avec les autres Droits
& Redevances Seigneuriales.

Les Eccleſiaſtiques s'en plaignirent
dans le Concile de Latran , tenu ſous le
Pape Alexandre III. en l'année 1179. &
leurs plaintes donnerent lieu au Decret
que nous voyons rapporté dans le *Chapitre 19. extra de decimis prohibemus nè
Laïci decimas cum animarum ſuarum pe-
riculo detinentes in alios Laïcos poſſint aliquo modo transferre , ſi quis vero receperit
& Eccleſiæ non reddiderit Chriſtiana Se-
pultura privetur.*

Ce Decret en ce qu'il prohiboit l'alienation , vente, & tranſport des Dîmes
lors poſſedées par les Laïques à Titre
d'Inféodation, en faveur d'autres perſonnes Laïque ne fût point reçu en France.
Tout le temperament qu'on y apporta ,
fut celui-là , qu'on n'auroit aucun égard
pour les Inféodations depuis le Concile
de Latran , mais qu'auſſi on ne touche-
roit point aux Inféodations que les Poſ-
ſeſſeurs juſtifieroient avoir été faites auparavant

paravant. *Loüet* & *Brodeau*, *Lettre* D.
Chap. 9.

Pour connoître fi l'Inféodation étoit
anterieure ou pofterieure au Concile de
Latran ; tout poffeffeur de Dîmes inféodées , étoit dans les commencemens tenu
d'exhiber & de reprefenter fon Titre ;
mais les troubles caufez par les Guerres
Civiles , ayant fait perdre à la Nobleffe
une partie de fes Contrats d'Inféodation ,
& l'autre partie ayant été comprife dans
une Incendie arrivée en la Chambre des
Comptes de Paris , où le Roi Philippe
le Bel avoit ordonné aux Proprietaires de
les depofer , on jugea , comme on le
juge encore aujourd'hui dans tous les
Parlemens du Royaume , qu'il fuffiroit à
un Poffeffeur d'alleguer qu'il joüit des
Dîmes comme inféodées avant le Concile de Latran , & de prouver qu'il en
joüit depuis un temps immemorial , c'eft-
à-dire , depuis cent ans ; d'alleguer , difons-nous , la joüiffance de la Dîme inféodée depuis cent ans , car la Queftion
s'étant préfentée au Parlement de Touloufe ; fçavoir , fi on devoit prouver non-
feulement qu'on avoit joüi la Dîme depuis un tems immemorial , mais encore

qu'on l'avoit joüi comme inféodée ; la Question fut jugée en faveur du Possesseur. L'Arrêt est rapporté par M. *Catellan*, *Liv.* 1. *Chap.* 38.

Cela ainsi supposé , on demande si dans le cas où les Dîmes inféodées reviennent à l'Eglise , elles reprennent d'abord la nature de Dîmes Ecclesiastiques , soit par rapport au Roi , en sorte que l'Eglise n'ait pas besoin d'obtenir du Roi des Lettres d'Amortissement , soit par rapport aux Seigneurs Particuliers dont elles peuvent relever immediatement ; en sorte que l'Eglise ne puisse être contrainte au payement de l'indemnité , & à la prestation d'Homme Vivant , Mourant & Confiscant.

Par rapport au Roi , la Question est sans difficulté, depuis que S. Loüis, par son Ordonnance de l'année 1269. a solemnellement renoncé aux Droits qui pouvoient le regarder , tant pour lui que pour ses Successeurs , *quantum in nobis est volumus & concedimus quod omnes personæ Laicæ Decimas percipientes in terra nostra & in Feudis nostris moventibus mediatè vel immediatè de nobis quas Clerici perciperent si eas Laïci non perciperent , possint eas re-*

linquere, dare & alio quocumque justo ti-
tulo & licito modo Ecclesiis concedere tenen-
das in perpetuum nostro vel Successorum
nostrorum assensu minimè requisito.

Mais la difficulté est grande par rapport aux Seigneurs, desquels relevent
immediatement les Dîmes inféodées, &
qui dans le cas où le retour de ces Dîmes à l'Eglise supprimeroit & anéantiroit
le Fief, perdroient une partie de leurs
Droits Féodaux sans y avoir jamais renoncé. Jamais Question n'a été plus sça-
vament traité par les Auteurs François ;
mais on peut dire aussi que jamais Question n'a été moins clairement decidée.

L'opinion qui favorise l'Eglise, je veux
dire l'opinion qui tend à affranchir l'E-
glise de tous les Droits d'indemnité envers les Seigneurs, paroît fondée sur des
solides raisons, & celle-là entre autres,
que l'indemnité ne peut être prétenduë
par le Seigneur, pour des biens originairement Ecclesiastiques, & du nombre
desquels sont les Dîmes inféodées que
les Laïques possedent seulement par Privilege, & peut-être même par usurpa-
tion, ainsi que le suppose l'Ordonnance
de St. Loüis, lorsqu'elle dit, *Decimas*

quas Clerici perciperent si eas Laici non perciperent, *&c.* Si l'Eglise en acquerant des Dîmes inféodées, ne fait que recouvrer ce qui lui appartenoit de droit, & qui n'étoit entre les mains des personnes Laïques que par Privilege, il faut convenir que c'est l'Eglise elle-même qui est en quelque façon indemnisée par le délaissement qu'on lui fait des Dîmes inféodées ; & si c'est elle-même qui reçoit une espece d'indemnité, il faut convenir encore qu'il n'y a ni raison ni prétexte, pour l'obliger de payer d'indemnité à d'autres personnes. D'ailleurs, si après la réünion des Dîmes inféodées à l'Eglise, le Fief n'étoit entierement éteint, comment les Arrêts rapportez par *Thevenau*, *liv.* I. *Tit.* 13. *Art.* I. *Fevret*, *liv.* 6. *chap.* 2. *Loüet & Brodeau*, *Lettre D. chap.* 60. auroient ils jugé d'un côté, que ces sortes de Dîmes deviennent d'abord après la réünion inalienables & imprescriptibles, ni plus ni moins que celles qui de tout tems ont été Ecclesiastiques ; & de l'autre que dans le cas où la réünion se fait par vente il n'y a lieu au Retrait, soit Lignager ou Féodal ?

Malgré toutes ces raisons, l'opinion contraire a prévalu ; je veux dire l'opinion de ceux qui regardent la Dîme inféodée, après même qu'elle a été acquise par l'Eglise comme un bien purement prophane, & qui veulent par conséquent que l'Eglise soit tenuë de payer au Seigneur le Droit d'indemnité, & de donner un Homme vivant, Mourant, & Confilcant ; *Fevret* fait une distinction qui paroît juste, mais à laquelle pourtant je doute qu'on voulût se conformer ; ou la Dîme inféodée, dit cet Auteur, est cedée à l'Eglise, *principaliter & per se*, & en ce cas elle repend sa premiere nature de Dîme Ecclesiastique ; ou elle est cedée, *simul cum Universitate & castro cui Annexa erat*, & en ce cas elle retient toûjours la qualité de Dîme inféodée & Laïque.

Le même Auteur fait une autre distinction, à laquelle semblent s'être conformez les Arrêts rapportez par M. *Catellan, liv.* 1. *chap.* 38. & pour la comprendre ainsi que l'application qu'en ont fait les Arrêts, il importe d'observer que les Dîmes inféodées ne sont pas tellement un bien prophane & Laïque, qu'on

K iij

ne les affujettiffe au payement de la portion Congruë des Curés ou Vicaires Per-
petuels, & aux reparations des Eglifes,
le tout néanmoins fubfidiairement ; c'eft-
à-dire, en défaut des Dîmes Ecclefiaftiques ; *telle eft la difpofition de la Decla-*
ration du 29. Janvier 1688. & de l'Edit
de 1695. Art. XXI.

     Cette obligation fubfidiaire de la part
des Poffeffeurs des Dîmes inféodées ainfi
fuppofée, on demande fi après que les
Dîmes inféodées font réünies à l'Eglife,
elles confervent encore cet avantage de
n'être tenuës aux Charges du Benefice
que fubfidiairement ; & fur cette Queftion, les Arrêts ont diftingué ou les Dîmes inféodées font réünies à l'Eglife,
d'où elles dépendoient originairement,
ou elles font réünies à une Eglife étrangere. Dans le premier cas, il a été jugé
qu'elles ne retenoient plus la qualité de
Dîmes inféodées, & par conféquent
qu'elles devoient contribuer au payement
des Charges, ainfi que les Dîmes Ecclefiaftiques, & qui ont été toûjours tel-
les. Dans le fecond cas, il a été jugé
que les Dîmes confervoient, malgré la
réünion à l'Eglife, leur qualité d'inféo-

dées, & par conséquent le Privilege de ne contribuer subsidiairement aux Charges. (*a*)

CHAPITRE X.

Des Francs - Fiefs.

LE Droit appellé Francs - Fiefs, peut être mis au nombre des Droits dûs par le Vassal au Seigneur Féodal; mais il a cela de particulier, qu'il n'est dû que par les Roturiers qui possedent des Fiefs, & qu'il n'est jamais dû qu'au Roi, quand même le Fiefs ne seroient pas mouvans immediatement de Sa Majesté.

La raison pour laquelle le Roi seul exige ce Droit, & qu'il ne l'exige que des Roturiers, est prise de ce que par les Loix du Royaume, les Roturiers sont incapables de posseder des Fiefs. Incapaci-

(*a*) Voyez dans le premier Tome du Journal des Audiences, un Plaidoyer de M. Talon, qui supposa comme une maxime, que la Dîme inféodée ne reprend sa nature d'Ecclesiastique, que lors qu'elle revient aux Eglises Matrices, & qui ont charge d'ames, *Liv. 1. Chap.* 43.

K iv

té fondée fans doute, fur ce que le Fief dans leur premiere inftitution, n'étoient donnez qu'à la charge & fous la condition du Service Militaire, le tout en la maniere que nous l'avons expliqué dans le Chapitre premier de cette feconde Partie. (a)

Il n'en eft pas de l'incapacité des Roturiers, comme de l'incapacité des Mainsmortes, celles-ci ayant acquis avant d'avoir obtenu des Lettres d'Amortiffement peuvent être contraintes à vuider leurs mains; au lieu que les Roturiers peuvent être feulement contraints au payement d'une taxe telle qu'il plaît au Roi de la regler, plus ou moins forte, fuivant les conjonctures & la neceffité des tems; *Bacquet, Traité des Francs-Fiefs, Chap. 12.*

Le Droit de Francs-Fief eft regardé comme une charge des fruits & de la poffeffion; ainfi qu'un Roturier joüiffe d'un Fiefs, dont la proprieté appartient à une perfonne Noble, ou qu'un Roturier n'en joüiffe plus, foit parce qu'il avoit

(a) Franc-Fiefs, parce que les Fiefs ne fe donnoient après la Conquête des Gaules qu'aux Francs, aux Originaires François; *Loiſeau des Seigneuries, Ch. 1, n. 69.*

acquis fur la faculté de rachat ou autrement, le Droit fera toûjours dû à proportion du tems qu'aura duré l'ufufruit
ou la joüiffance ; *Bacquet*, *ibidem*,
Chap. 9.

Il y a plufieurs Villes en France, dont
les Habitans joüiffent de l'exemption du
Franc-Fief ; c'eft-à-dire , dont les Habitans par des Privileges particuliers ,
peuvent, quoique Roturiers, acquerir &
poffeder des Fiefs fans être tenus de
payer aucune finance ; mais comme ces
Privileges contiennent alienation des
Droits Domaniaux de la Couronne ,
dont le Roi n'a à proprement parler que
l'Ufufruit, il faut fuivant la Doctrine de
Bacquet, *ibidem Chap.* 10 *N.* 12. non-
feulement qu'ils foient verifiez, tant au
Parlement qu'en la Chambre des Comptes ; mais qu'ils foient encore confirmés
par chaque Roi à fon Avenement à la
Couronne , fans quoi on n'y a aucun
égard.

CHAPITRE XI.

De la Nobleße.

LEs Nobles par les Loix du Royaume sont seuls capables de posseder
des Fiefs ; il importe de sçavoir comment , & par quel moyen la Noblesse
peut s'acquerir ou se perdre , & c'est ce
que nous allons expliquer dans ce Chapitre.

Nous reconnoissons en France quatre
manieres d'acquerir la Noblesse , 1°. par la
Possession , 2°. par des Lettres d'Annoblis-
sement , 3°. par l'exercice des Emplois ,
& Charges Militaires , 4°. par l'investiture des Fiefs de Dignité.

Pour comprendre comment , & sous
quelle condition on peut acquerir la Noblesse par la possession , *il n'y a qu'à voir
un Arrêt du Conseil d'Etat rendu le* 19.
Mars 1667. pour l'instruction des Com-
missaires qui furent pour lors nommez
pour la recherche des faux Nobles ; il
est conçû en ces termes , Sa Majesté a
ordonné & ordonne , que ceux qui soû-

tiendront être Nobles, foient tenus de
juftifier comme eux, leur pere, leur
ayeul, ont pris la qualité de Chevalier,
ou Ecuyer depuis l'année 1560. jufques
à préfent, & prouveront leur Filiation
avec poffeffion des Fiefs, Emploi & Service de leurs Auteurs par des Contrats
de Mariage, Partages, & Actes de Tu-
telle, Aveus & Dénombremens, & autres Actes authentiques, fans avoir fait
ni commis aucune dérogeance, moyenant quoi ils feront maintenus ; & néanmoins au cas il foit rapporté aucunes Piéces, par lefquelles il paroiffe que les Auteurs de ceux qui foûtiendront leur Nobleffe, fuffent Roturiers *avant l'année*
1560. Sa Majefté n'entend que les Commiffaires n'ayent aucun égard aux qualifications portées par lefdits Contrats &
autres Actes.

On voit par cet Arrêt, qu'on ne
peut acquerir la Nobleffe que par une
poffeffion immemoriale, que pour la preuve d'une poffeffion immemoriale ; il faut
joindre la poffeffion des Fiefs, ou des
Emplois & Services, je mets l'alterna-
tive, parce qu'en effet les Commiffaires
interprétent l'Arrêt du Confeil, de ma-

niere que la preuve de la poffeffion des
Fiefs, avec la qualification fut fuffifante
auffi, fans la preuve de la poffeffion des
Fiefs. En deuxiéme lieu, que la poffeffion
quelque longue qu'elle foit, eft moins
un Titre qu'une préfomption de Nobleffe, la poffeffion immemoriale met à l'a-
bri de toute recherche, mais bien entendu qu'on ne decouvre le vice de l'o-
rigine; fi le vice de l'origine eft découvert, la préfomption ceffe, & la poffeffion n'eft plus regardée que comme une
ufurpation.

Le Roi feul en France donne des Lettres d'Annobliffement, ce n'eft pas que
la vertu ne foit parmi nous comme chez
les Romains, la veritable fource de la
Nobleffe, *fuivant Ciceron*, *Nobilitas nil*
aliud eft quam cognita virtus, ce qui a
donné lieu à quelques-uns de penfer que
le mot de *Nobilis* a été formé de celui
de *Nocibilis*; mais c'eft qu'il n'appartient
qu'au Roi infaillible dans fes Jugemens,
de donner le témoignage autentique de
la vertu & du merite de fes Sujets; *M.*
Lebret, *Traité de la Souveraineté*, *Liv.* 2,
Chap. 10. *rapporte deux Arrêts de* 1660.
& 1669. Le premier, fait deffenfes au

Comte de Flandres de donner des An-
nobliſſemens ; & le ſecond , condamne le
Comte de Nevers à une amende envers
le Roi, pour avoir annobli deux de ſes
Sujets , qui furent auſſi chacun pareillement condamnez à 1000. liv. d'amende.
Les Lettres d'Annobliſſement doivent être
verifiées par la Chambre des Comptes &
par la Cour des Aydes, ſans quoi l'Annobli ne peut point joüir des Privileges
de la Nobleſſe , & de ceux-là ſur-tout
qui conſiſtent en l'exemption des Francs-
Fiefs, & de la Taille dans les Païs où
elle eſt perſonnelle ; & pour une précaution plus grande , *on peut ſuivant le Con-
ſeil de Bacquet*, les faire verifier par le
Parlement ; la Nobleſſe qui s'acquiert par
des Lettres du Prince eſt moins eſtimée,
que celle qui s'acquiert par la poſſeſſion,
& qu'on appelle communement Nobleſſe
de race ; parce qu'on ſuppoſe premiere-
ment qu'on eſt né Roturier, ſeconde-
ment parce qu'elle s'accorde rarement
ſans finance.

On a demandé , ſi un Roturier Annobli par le Prince , pouvoit être recher-
ché pour l'uſurpation de la Nobleſſe , ou
de la Qualité d'Ecuyer , priſe avant l'An-

nobliffement ; *Loifeau , Traité des Ordres ,*
Chap. 4. *N°*. 42. femblent donner à l'Annobliffement un effet retroactif, lorfqu'il
dit , qu'il purge le fang & la pofterité
de l'Annobli de toute tâche de Roture,
& le réduit au même état, Qualité & Dignité , que fi de tout tems fa race avoit
été ingenuë ; cependant on ne la pas
jugé de même, la qualification de Noble
avant l'Annobliffent a été regardée &
punie comme ufurpation.

Parmi les Charges qui Annobliffent,
il y en a , qui, comme on dit communement , font fouche de Nobleffe ; c'eft-à-
dire, qu'elles acquierent d'abord au Pourvû & à toute fa pofterité la Nobleffe ;
il y en a d'autres qui donnent au pourvû
une Nobleffe perfonnelle , qui ne fe
tranfmet au Defcendant, que le pere &
l'ayeul n'ayent été conféquamment Officiers, & qu'ils n'ayent exercé leur Charge pendant 20. ans, & qu'ils en foient
morts revêtus.

Les Charges qui acquierent d'abord
une parfaite Nobleffe au pourvû & à
fa pofterité, font celles de Chancellier
de France, Garde de Sceaux, Confellier
& Sécraitaires d'Etat, Me. des Requêtes,

Préfident aux Cours Superieures, Secretaire du Roi, Maifon & Couronne de France; & les Charges au contraire qui n'Anobliffent qu'à la feconde Generation, font celles de Tréforier de France & des Officiers en Cours Superieures, autres que les Préfidens; on comprend parmi les Officiers les Greffiers en Chef; & parmi les Officiers des Chambres des Comptes, on comprend les Auditeurs & les Correcteurs.

Il paroît, fans doute bifarre, que les Defcendans d'un même ayeul, les uns foient Nobles, & les autres Roturiers, ce qui arrive toutes les fois qu'un Tréforier de France ou un Officier en Cour Superieure, laiffe deux ou plufieurs enfans, & que l'un deux feul lui fuccede en la Charge; mais c'eft ainfi que la chofe a été reglée par l'ufage, non point comme quelques Auteurs l'ont crû fur la Loi premiere *de Dignitate* au Code; cettte Loi ne décide autre chofe, finon, qu'une fille dont l'ayeul avoit été Conful & le pere Prêteur, confervoit l'état de fa famille, pourveu qu'en fe mariant elle ne fe mefalliât pas; les mœurs des Romains étoient à cet égard fi éloignées

des nôtres, qu'à Rome la Nobleſſe provenant des Charges étoit bornée à un
certain degré ; au lieu que parmi nous la
Nobleſſe de quelle maniere qu'elle ſoit
acquiſe , eſt d'autant plus eſtimée que
ſon commencement eſt éloigné.

Il en eſt des Emplois Militaires comme
des Charges de Robe ; les premieres
Dignités de l'Epée Annobliſſent , & la
perſonne & la poſterité de ceux qui les
exercent ; mais les Emplois inferieurs n'a-
nobliſſent la poſterité qu'à la troiſiéme
Generation. Dans la derniere recherche ,
on a declaré Nobles ceux dont le pere
& l'ayeul avoient été Capitaines , pourveu
toutefois que l'un & l'autre fuſſent morts
dans leur Emploi , ou après 20. années
de Service.

On eſt Annobli en recevant du Roi
l'inveſtiture des Fiefs de Dignité , comme Duché , Marquiſat & Comté ; &
ce n'eſt point le Fief qui l'Annoblit pré-
ciſement , mais bien l'inveſtiture qui eſt
accordée par le Roi , & que Sa Majeſté
n'accorde jamais à un Roturier ſans lui
faire à même-tems une Conceſſion tacite
de la Nobleſſe, puiſque l'Annobliſſement
n'eſt fondé que ſur une préſomption de
volonté

volonté de la part du Roi, lorsque Sa Majesté elle-même accorde l'Investiture ; *Bacquet*, *Boissieu & autres*, ont raison de conclure que l'investiture reçuë à la Chambre des Comptes, ne produit pas le même effet, & ne change pas l'état de l'Acquereur du Fief.

La Noblesse se perd par le crime & par la dérogeance : elle se perd par le crime lorsque le jugement de condamnation degrade de la Noblesse, & le Condamné & toute sa Posterité : les jugemens de condamnation ne degradent gueres la posterité que pour le crime de Leze-Majesté au premier Chef : Et toutes les fois qu'ils ne dégradent pas les Enfans du Condamné, ils conservent la Noblesse *par un Argument de la Loi* 3. *ff. de Interdictis & relegatis*, où il est dit, *eum qui civitatem amitteret, nihil aliud juris adimere liberis suis, nisi quod ab ipso perventurum esset ad eos quæ vero non à patre sed à genere tribuerentur, ea manere eis incolumia.*

La Noblesse se perd par la dérogeance ; c'est-à-dire, par le Commerce, autre toutefois que le Commerce en gros & Maritime, par l'Exploitation des Fer-

L.

mes, par l'exercice des Arts mechani-
ques, & de certaines charges viles,
comme de Sergent, Notaires & Procu-
reurs, & la chofe même eft fans difficulté
pour le Noble qui déroge, & il ne
peut y en avoir qu'à l'égard de fes Defcendans.

Ou celui qui déroge, a acquis lui-
même & commencé la Nobleffe, ou il
la tient & l'a reçûë de fes Ancêtres : Dans
le premier cas, la derogéance fait perdre la Nobleffe aux enfans qui naiffent
depuis, mais elle ne nuit point aux enfans
nés auparavant, par cette raifon que les
enfans nés auparavant ayant déja acquis
la Nobleffe, il ne depend plus du pere de la leur faire perdre, elle ne nuit
pas même aux enfans conçûs auparavant, *fuivant la Loi Emancipatum* 4. §.
1. *ff. de Senat.* dont les termes ne peuvent être plus précis, *fi quis conceptus fit
antequam pater ejus à fenatu moveatur,
natus autem poft amiffam dignitatem magis
eft ut quafi Senatoris filius intelligatur,
tempus enim conceptionis fpectandum effe
placuit.*

Dans le fecond cas, les enfans nés

avant ou depuis la dérogéance fans diftinction , confervent inconteftablement
la Nobleffe, parce qu'ils ne la tiennent
point du pere qui a dérogé, ce qui eft
decidé en la Loi 3. *de interd. & relegatis ,*
que nous avons deja cité , *quæ vero non à*
patre , fed à genere tribuerentur , manere li-
beris incolumia , fans qu'on puiffe dire
ni oppofer , *que la Declaration du* 15.
-*Mars* 1667. dont nous avons rapporté
les termes au commencement de ce Chapitre , ordonne que ceux qui foutiennent
être Nobles , font tenus de juftifier comme leur pere , leur ayeul, ont pris la
Qualité de Noble, fans avoir fait ni
commis aucune dérogeance ; parce qu'il
eft évident que cette Declaration ne
parle que de la Nobleffe fondée fur la
préfomption , & la préfomption fondée
fur la Poffeffion ; fi je ne fonde ma Nobleffe que fur des allegations ou qualifications , je fuis obligé fans doute d'é-
tablir que mon pere & mon ayeul ont
pris la qualité de Noble, & le moindre
Acte de dérogeance de mon pere ou de
mon ayeul, fera un obftacle à ma prétention , parce qu'elle fera ceffer la préfomption fur laquelle ma prétention étoit

L ij

uniquement fondée ; mais fi je prouve indépendament des qualifications que mon ayeul étoit Noble, la dérogeance de mon pere ne nuira pas, *quæ omnia non à patre, fed à genere tribuerentur, ea manere eis incolumia.* Et il en fera de même, fi je prouve la Nobleffe de mon bifayeul, quoique mon ayeul & mon pere ayent derogé tous les deux, parce que *fuivant la Doctrine de M. Lebret en fon Action* 37. la dérogeance ne fait jamais perdre ir-révocablement la Nobleffe à une famille, fi elle n'a continué pendant fept Gene-rations, la nature après le feptiéme de-gré, ne prenant plus & ne reconnoiffant plus de parenté, *Leg.* 4. *de gradibus & affinibus.*

C'eft bien, comme nous avons dit, un privilege des Nobles d'être capables de poffeder des Fiefs ; mais ce n'eft pas le feul, les Nobles font exempts de tou-te charge perfonnelle, & par confé-quent des Tailles dans les Païs où elles font perfonnelles, ils ont droit de chaffer dans les Terres du Roi, éloignées des plaifirs de Sa Majefté, & même en cer-tain cas dans les Terres des Seigneurs Jufticiers ; ils ont par l'Edit de Cremieu

leurs caufes commifes devant les Senéchaux, au préjudice des premiers Juges
Royaux : ils peuvent en matiere crimi-
nille, demander d'être renvoyez & jugés
par la Grand'Chambre & la Tournelle
affemblées ; les coûtumes en divers Lieux
reglent les Succeffions des Nobles d'une
autre maniere que celle des Roturiers :
elles donnent plus d'étenduë à la Garde
Noble qu'a la Garde Bourgeoife , elles
accordent au Survivant des Conjoints
Nobles un Préciput dont les Roturiers
ne joüiffent pas.

CHAPITRE XII.

Du Bail à Fief des biens d'Eglife.

LEs biens d'Eglife peuvent être bail-
lez à Fief ; mais il eft neceffaire que
l'Inféodation foit revêtuë des formalitez
requifes, qui font 1°. la demande du Ti-
tulaire pour la permiffion d'aliener, où il
expofe la neceffité qu'il y en a. 2°. Une
information précedente touchant la ne-

ceffité & utilité de l'alienation.

3°. Si c'eft un Evêque ou quelqu'un du Chapitre, il doit s'affurer du confentement Capitulaire dudit Chapitre ; *Papon*, *Liv. 3. Tit. 13. Art. III. Chapitre de Sacra Polit. 3. Tit. 8. n. 20.*

Si la Juftice de l'Inféodation eft connuë, le Chapitre députe deux ou trois du Corps, & des Experts, & ordonne la Proclamation & l'Inféodation faite au plus offrant & dernier Encheriffeur.

Si c'eft un Abbé qui veüille faire l'Inféodation, il doit avoir le confentement de fes Religieux, & le Suffrage du Superieur Ecclefiaftique s'il y eft foûmis.

Mais à l'égard de ceux qui font exemts de l'Ordinaire, il faut l'approbation du Pape, celle du Chef & General de l'Ordre n'étant pas fuffiante.

L'Evêque ne peut pas inféoder fans la permiffion du Pape une chofe qu'il aura joüi pendant un an, qui pour lors fera dépendante de la Menfe Epifcopale, mais bien de chofes qui font provenuës de nouveau à l'Eglife par les Donations & déguerpiffemens ; & dans ces deux cas, il peut faire l'inféodation fans obferver les formalitez.

Ceux qui veulent inféoder fûrement, obtiennent une Commiffion du Pape à deux Juges déleguez *in patribus* ; pardevant lefquels il fera de rechef informé du profit & dommage de l'inféodation, le Promoteur appellé, & fi elle eft jugée neceffaire, les Déleguez l'autorifentfuivant le pouvoir qu'ils en ont du Pape; *Papon, Liv. I. Tit.* 13. *Art. III. & Leprêtre, Cent.* 101. *Art. II.*

Qui fi l'on fe contente de l'homologation de l'Evêque, il faut s'adreffer ou à fon Grand Vicaire, ou au General, car l'Official ne fuffit pas.

Et lorfqu'il s'agit d'une alienation confiderable des biens d'une Eglife, furtout d'une Abbaye Royale, il faut obtenir des Lettres Patentes du Roi enregiftrées ; *Journ. du Pal. Tome IV. p.* 135.

Il eft aujourd'hui de maxime au Parlement de Touloufe & de Provence, que la prefcription de 40. ans à compter du jour du decès de l'Ecclefiaftique qui a aliené, confirme les alienations nulles & faites fans formalitez; *Graverol fur Laroche, Liv. I. Tit.* 10. *Art. I. Cujas in Fragm. de diver. tem. præfcript. Charondas & autres.*

L iv

Que si le Benefice ou la Chapelle ont
été vacans, & non remplis, nulle
prescription ne peut courir pendant la
desertion, *quia Ecclesia viduata fuit Pa-*
store, & par conséquent non deffenduë,
ni en état de l'être, *Cap. de quarta præs-*
cript. Guy-Pape, *Quest.* 416. *Arrêt du*
Parlement de Toulouse du 11. *Septembre*
1674. pour le Prieur de Malet, comme
Recteur de la Chapelle Notre-Dame, de
laquelle Chapelle il avoit été pourvû par
desertion, contre David Fontane, Avocat d'Anduse.

Et lorsque l'Inféodation du bien d'E-
glise est cassée, le Possesseur doit être
remboursé des reparations utiles, ensem-
ble du prix des fonds contigus acquis
par lui, & des Bâtimens par lui construits,
Dolive, *Liv.* I. *Chap.* 17. *Basset Tome II.*
Liv. I. *Tit.* 9. *Ch.* 2. *pag.* 58.

TROISIE'ME PARTIE.

Du Bail à Cens ou à Rente, & des Droits dûs au Seigneur Censuel ou Directe.

IL y a un Titre dans le Code, *Liv.* 4. *Tit.* 47. qui a pour Rubrique, *sine Censu & Reliquis fundum comparari non posse* ; mais le Cens dont il est parlé en ce Titre, est bien differend de celui dont nous entendons parler ici : Les Romains entendoîent par Cens le Tribut Public, ou la Redevence dûë au Fisc pour marque de la Seigneurie Universelle & Souveraine de l'Etat sur les Terres conquises, *Boissieu*, *pag.* 99. Et le Cens dont nous parlons entierement inconnu au Droit Romain, est le Devoir ou la Redevance dûë au Seigneur, qui possedant Noblement un fonds, en abandonne la Dominité utile, & n'en retient que la Directe.

Je dis entierement inconnu au Droit
Romain ; car quoi qu'il y ait encore
dans le Code un Titre, *de Jure Emphi-*
teutico, où il est parlé d'un Contrat
que l'on confond ordinairement avec
le Bail à Cens, la difference néanmoins
de l'un à l'autre est grande, elle consiste
principalement en ce qu'on ne peut bailler à Cens qu'un fonds que l'on possede
Noblement ; au lieu que pour bailler un
fonds à Titre d'Emphitéose, il suffit de
le posseder en Franc-Aleu, & independant de toute Seigneurie Directe, quoique d'ailleurs Rural & sujet au payement
des Tailles, la Roture n'ayant rien d'incompatible avec l'Allodialité & l'indé-
pendence ; les Droits dont nous allons
parler sont dûs par la propre nature de
l'Acte, mais ils ne sont dûs pour la plûpart dans l'Emphitéose, qu'en vertu de
la stipulation qui en a été faite.

CHAPITRE PREMIER.

Du Droit qu'a le Seigneur Directe de se faire Reconnoître.

UN des premiers devoirs du Censitaire, est celui de reconnoître son Seigneur ; c'est-à-dire, de declarer par Acte à son Seigneur qu'il possede telle & telle piéce mouvant de sa Directe, sous tels & tels Droits qu'il promet & s'oblige de payer ; *certum est*, dit *Ferriere*, *Quest.* 272. *sur la Quest.* 42. *de Guy-Pape*, *quod Domini possunt cogere possessores ad Recognoscendum* ; mais on n'observe point ce qu'ajoûte le même Auteur ; sçavoir, que la Reconnoissance doit être faite, *communibus expensis Domini & possessoris* ; dans l'usage, le Censitaire seul doit faire les fraix, & ces fraix ont été reglez par divers Arrêts à 30. sols pour les Reconnoissances qui ne contiennent qu'un ou deux Articles, en ajoûtant cinq sols pour chacun des autres Articles jusqu'à dix, & 36. den. pour chacun des autres au-delà de dix, sans

comprendre le papier, Sceau & Con-
trolle, Arrêt du 28. Août 1703. Le
Seigneur est en droit de se faire Reconnoître à chaque Mutation, & indépendamment de Mutation, il peut se faire
Reconnoître encore de dix en dix ans ;
le Seigneur peut bien se faire reconnoître
encore plus souvent, mais en ce dernier
cas, ce ne peut être qu'aux fraix & dépens du Seigneur. (*a*)

Une Question qui se présente souvent, est de sçavoir, si les Reconnoissances peuvent suppléer au défaut du Bail
à Cens perdu ou égaré, si une seule suffit, ou s'il en faut plusieurs ; & voici
de quelle maniere on l'a jugé.

Une seule Reconnoissance suffit en faveur du Roi ou de l'Eglise, parce qu'on
ne peut présumer de la part du Roi ou
de l'Eglise, ni dol ni fraude, ni aucune
impression de force ou de violence. Bien
plus, par une Declaration de l'année 1657.
de seuls Adminicules suppléent en faveur de l'Eglise, & tiennent lieu de Titre, sur-tout dans les Païs où les trou-

---

(a) *Ferriere sur la Question* 272. *& 417. de Gui-Pape,*
decide, que le Tenancier après avoir une fois reconnu,
non cogitur rursus recognoscere nisi expensis Domini.

bles de Religion peuvent faire préfumer que les Titres ont été pillez ou brûlez, & conformément à cette Declaration fut rendu l'Arrêt que raporte M. *Catellan*, *L.* 1. *Ch.* 76. par lequel M. l'Evêque d'Alet fut maintenu en la Directe de divers biens, fur les feules énonciations contenuës dans les Acquifitions de fes Parties habitans d'Alet, où il étoit dit fous telle rente dûë à M. l'Evêque.

Une feule Reconnoiffance en faveur d'un Particulier ne fuffit pas, fi ce n'eft qu'elle foit foûtenuë par des Adminicules, ou qu'il y foit fait mention d'une Reconnoiffance précedente avec expreffion de la datte, du nom des Parties Reconnoiffantes, & du Notaire qui l'a retenuë, ou qu'elle ait été confentie par le Tenancier même qui contefte ou ceux dont le Tenancier a le Droit, *ex caufa lucrativa*; *Laroche*, *des Droits Seigneuriaux*, *Chap.* 1. *Art. II. & VI.* hors ces trois cas, la Regle generale eft telle qu'en défaut de Bail ou de Titre Primordial, il faut neceffairement deux Reconnoiffances : On entend par Adminicules des Roles de Liéve, des quittances des Droits demandez, des énonciations dans les Contrats publics, &c. (*a*)

Le Seigneur Justicier étoit autrefois excepté de la Regle qui exige deux Reconnoissances, & on jugeoit qu'à son égard, ainsi que pour le Roi & pour l'Eglise, une seule Reconnoissance étoit un Titre suffisant ; mais cette Jurisprudence a changé, la Reconnoissance consentie en faveur d'un Seigneur Justicier si elle est unique, a besoin d'être soûtenuë par des Adminicules, & on ne regarde point comme un Adminicule suffisant, la présomption que l'on peut induire de la Justice ; *Cambolas*, *Liv.* 5. *Chap.* 14.

Quand nous disons, qu'il faut même de la part du Seigneur Justicier deux Reconnoissances, ou une Reconnoissance avec des Adminicules, nous n'entendons point parler des Païs où on ne connoît point le Franc-Aleu, & où on tient pour maxime, que nulle Terre sans Seigneur ; car dans ceux-ci le Seigneur Justicier n'a absolument besoin d'aucun Titre, tous les Tenanciers qui sont dans

(*a*) Liéve ; c'est-à-dire, un état des Tenanciers, sur lequel on leve & on exige d'eux ces Droits Seigneuriaux ; on appelle ailleurs Terrier de Recette.

l'étenduë de sa Jurisdiction sont ses Cen-
sitaires, tous obligez de lui payer les
Droits Seigneuriaux, & de le reconnoître comme l'on dit de proche en proche ; c'est-à-dire, chacun, suivant & à
proportion des Tenemens que possedent
ses plus proches Voisins : La Province
du Languedoc compte le Franc-Aleu parmi ses Privileges, mais il n'est point connu dans la Guyenne.

Nous trouvons deux Arrêts, l'un rapporté par M. *Cambolas*, *Liv.* 4. *Chap.*
45. & l'autre par M. *Catellan*, *Liv.* 3.
Chap. 2. rendus l'un & l'autre dans la
Province même de Languedoc, en faveur des Seigneurs Justiciers qui n'avoient
aucun Titre ; mais ces Arrêts n'ont rien
de contraire à ce que nous avons dit de
la necessité des deux Reconnoissances,
ou d'une Reconnoissance avec des Adminicules, & on ne peut tout au plus
regarder les cas pour lesquels ils ont
été rendus, que comme des exceptions
à la Regle dans le premier, le Seigneur
Justicier justifioit que le Terroir avoit été
baillé originairement limité, & comme
dit *Chopin sur la Coûtume d'Anjou*, *Art.*
140. *quoties penes aliquem certum Domi-*

nium stat, certis regiunculæ finibus sep-
tum, quoties habet ab antiquo Territorium
Limitatum tunc intra ejus Limites positi
fundi ei servire præsumuntur : Dans le
second, le Seigneur rapportoit un Lau-
zime ; c'est-à-dire, un Acte contenant
Investiture & payement de Lods ; avec
promesse de la part du Tenancier, de
payer la rente sans la marquer, & cet
Acte étoit précedé & suivi de tant d'Adminicules, qu'on ne crût pas violer la
Regle en lui donnant la force d'une Reconnoissance.

Il arrive souvent qu'on produit pour
raison d'un même Tenement deux ou
plusieurs Reconnoissances difformes ; c'est-
à-dire, dont les unes sont plus favorables ou onereuses au Tenancier que les
autres, & en ce cas on demande qu'elle
est celle qui doit servir de Regle : *M.*
Maynard, Liv. 4. Chap. 47. prétend qu'il
faut se regler par la Reconnoissance plus
ancienne ; mais la faveur de la liberation
l'a fait décider autrement, y eut-il de
suite dix Reconnoissances, si la derniere
favorise le Tenancier, celle-ci servira de
Regle, & tout ce qu'il y aura dans les
autres d'avantageux pour le Seigneur,

fera

sera regardé comme une surcharge : Ce
n'est pas tout, dans le concours même
du Bail Primordial & d'une Reconnoissance, on a jugé qu'il falloit se regler
par la Reconnoissance, si elle étoit plus
favorable au Tenancier que le Titre, &
on ne peut dissimuler qu'en cela on a
poussé bien loin la faveur de la liberation, parce qu'enfin nous n'avons point
en matiere Féodale de principe plus tri-
vial, que celui qui fait du Titre originaire une Loi inviolable, *à primordio Tituli omnis formatur eventus*, *Laroche &
Graverol des Droits Seigneuriaux, Chap.
1. Art. IX.* ce qui fait dire *à Dumoulin*
que les Reconnoissances *non sunt dispo-
sitoriæ sed declaratoriæ* ; c'est-à-dire, quel-
les ne sont point faites dans l'esprit de
contracter une nouvelle obligation, mais
seulement de reconnoître & de declarer
celle qui est deja faite, & qui subsiste
dans le Titre Primordial, *non animo fa-
ciendæ novæ dispositionis vel obligationis
sed solum animo recognoscendi & decla-
randi obligationem jam dispositam & sub-
sistentem per primordium Tituli*, d'où cet
Auteur croit être en droit de conclurre,
qu'on doit regarder comme erronée toute

M

Reconnoiſſance contraire au Titre Primordial duquel il n'eſt jamais permis de s'écarter *probata prima inveſtitura vel conceſſione ei ſtandum & ſequentes recognitiones quatenus contrariæ ſunt, tanquam erroneas rejiciendas, &c.*

Il n'y a qu'un cas où les dernieres Reconnoiſſances quoique moins favorables au Tenancier, doivent être executées, & ne peuvent être regardées comme une ſurcharge, c'eſt lors que le Seineur eſt en état de juſtifier, que depuis les premieres Reconnoiſſances il y a eu un déguerpiſſement, ou que par les circonſtances le déguerpiſſement peut être raiſonnablement préſumé, & il en eſt de même lorſqu'il paroît differens Baux pour raiſon d'un même Tenement; M. *de Catellan, Liv. 3. Chap. 3.* obſerve qu'une des circonſtances qui feroit préſumer un déguerpiſſement dans l'intervale des premieres Reconnoiſſances aux dernieres, ou du premier Bail au ſecond, feroit celui-ci que le ſecond Bail fût fait à des Tenanciers differens de ceux auſquels le premier auroit été fait, ou que les dernieres Reconnoiſſances fuſſent conſenties auſſi par les Tenanciers differens

de ceux qui auroient confenti les premiers : les Seigneurs quelquefois fuppofent des Procès pour autorifer la fur-
charge par une Tranfaction, mais fi peu
les Juges entrevoyent le dol & la fraude, ils remettent les chofes fur le pied
où elles doivent être par les anciens Titres : j'ai vû caffer plufieurs fois des Tran-
factions femblables.

- Lorfqu'il y a plufieurs Reconnoiffances en faveur du même Seigneur, il
faut fe regler, difons-nous, par celles
qui font les moins onereufes au Tenancier ; mais qu'arrive-t-il lorfqu'il paroît
des Titres ou des Reconnoiffances con-
fenties en faveur de deux differens Seigneurs, ce qu'on apelle communément
combat de Fief : la Regle eft telle que
celui qui produit les plus anciens Titres
doit être regardé comme le veritable &
le feul Seigneur, feul par conféquent
en droit de percevoir & d'exiger les
Droits Seigneuriaux ; mais cette Regle
fouffre une exception ; fçavoir, fi celui
qui a les Titres moins anciens a joüi feul
pendant trente ans, fi c'eft contre un
Laïque, & quarante ans, fi c'eft contre
l'Eglife ; car on ne doute point qu'un

M ij

Seigneur ne puiſſe preſcrire que contre un autre Seigneur (a) : que ſi le Tenancier a eu la facilité de reconnoître & de payer la rente à deux differens Seigneurs, celui d'entre eux qui rapportera des Titres plus anciens, conſervera le Cens Seigneurial avec tous les Droits de la Seigneurie Directe, & l'autre conſervera la rente à Titre de Cens Sec, de Cens mort, ou Surcens. *Voyez Papon en ſes Arrêts, Liv. 13. Chap. 2. N. 9. Laroche des Droits Seigneuriaux, Chap. 1. Art. X. & Chap. 20. Art. III. Catellan, Liv. 3. Chap. 2. & Henrys, Tome II. Liv. 3. Queſtion 13.*

CHAPITRE II.

Du Cens ou de la Rente.

LEs principales difficultés qui ſe préſentent au ſujet du Cens ou de la Rente ſont celles-ci.

1°. Si la Rente eſt portable par le

(a) La Poſſeſſion ſeule ſans Titre ou Reconnoiſſance ne ſuffit pas pour la preſcription contre un Seigneur, *Catellan en l'endroit cité.*

Tenancier qui la doit, ou querable par le Seigneur à qui elle est dûë.

2°. Si la Rente est prescriptile ou rachetable.

3°. Comment & de quelle maniere doit être exigée une Rente indivise.

4°. De combien d'années le Seigneur peut demander les arrerages de Rente, & comment doit en être faite la liquidation.

Si la Rente est portable ou querable ?

De Droit commun la Rente est querable par le Seigneur dans le lieu où elle est dûë ; & s'il n'y a point de Clause dans le Bail Primordial qui la rende portable, la portabilité est regardée sans difficulté comme une Sur-charge : nous verrons dans la suite de ce Chapitre que la portabilité est non-seulement incommode au Tenancier, mais qu'elle lui est même très-onereuse en ce qu'elle le soumet au payement des arrerages au plus haut prix de l'année.

Lorsque les Titres sont équivoques touchant la nature de la Rente porta-

ble ou querable, les Arrêts ont diftingué les Rentes payables en grains, de
celles qui doivent être payées en argent :
à l'égard de celles-ci, comme la portabilité eft moins une charge qu'un devoir que
l'honnêté femble exiger du Tenancier,
on peut interpréter favorablement pour
le Seigneur, ce qu'il y a d'équivoque
dans les Titres ; mais à l'égard des autres, il faut s'en tenir à la Regle, qui
dans le doute les fait toûjours préfumer
quérables. Il eft dit, par exemple, dans
le Titre Primordial que la Rente fera
payable audit Lieu, ou payable au Seigneur audit Lieu ; fi elle confifte en Argent, on la declarera portable ; mais fi
elle confifte en grains, elle fera querable, & on regardera comme une fur-
charge la portabilité ftipulée dans les
dernieres Reconnoiffances ; les Arrêts qui
ont fait cette diftinction font rapportez par
M. *Catellan*, *Liv. 3. Chap. 3.*

On a douté, fi la Claufe par laquelle
le Tenancier dans le Bail Primordial s'o-
blige de rendre & payer la Rente au
Seigneur, établiffoit fuffifamment la portabilité, & on a jugé qu'elle l'établiffoit ; l'Arrêt eft encore rapporté par M.

Catellan en l'endroit que nous venons de citer , le terme de rendre n'a rien d'équivoque , & ne paroît pas susceptible de deux differentes interprétations.

Si la Rente est prescriptible.

M. Boissieu en son Traité de l'Usage des Fiefs , Chap. 14. dit , " qu'en Dauphiné le Seigneur Directe perd le Cens ou " la Rente par la prescription centenaire ; " & cela, ajoûte-t-il , est si notoire , qu'il " n'est point de Villageois, quelque gros- " sier qu'il soit , à qui on demande une " Reconnoissance nouvelle, qui ne s'in- " forme si le Titre en vertu duquel on " demande , est au-dessous de cent ans : " Il n'en est pas de même des autres Provinces sans distinction de celles où on tient pour Maxime nulle Terre sans Seigneur, & de celles où on reconnoît le Franc-Aleu : toute Redevance fonciere y est imprescriptible ; & pour nous servir des termes de *Boissieu*, la chose est si triviale qu'il n'est point de Païsan qui l'ignore, point de Créancier qui se croie dispensé de payer, par cette raison, que le Seigneur n'aura rien exigé pendant des sié-

M iv

cles entiers : Le Titre, dit-on, communement, veille toûjours, le Cenfitaire
d'ailleurs *non fibi fed Domino poffidet & nemo poteft fibi mutare caufam poffeffionis,
Dolive, Liv. 2. Chap. 24.*

On a vû quelquefois dés Tenanciers
fe défendre en alleguant qu'ils avoient
ignoré la Rente, & qu'ils avoient eu
jufte raifon de l'ignorer, parce que le
fonds leur avoit été vendu Allodial, *Ca-
ftellan, L. 3. Ch. 30.* mais on n'a eu aucun
égard à ces allegations ; en effet, la
Loi du Bail qui foûmet un fonds à la
Directe d'un Seigneur, eft tellement inherente & attachée au fonds, qu'elle
n'en peut être détachée par le fait du
Poffeffeur, & par aucun changement de
main, un Acquereur ne peut poffeder
qu'en la qualité que poffedoit fon Vendeur, ce Vendeur n'ayant pû lui tranf-
mettre un Droit qu'il n'avoit pas.

Il n'y a qu'un cas où la Rente puiffe
être prefcrite, c'eft celui où elle a été
deniée & contredite par le Cenfitaire ;
car tel eft l'effet de la contradiction de
rendre prefcriptibles les chofes qui ne le
font point de leur nature : Il fe fait par

la contradiction une intervention de poffeffion, le Cenfitaire dès ce moment eft
comme en poffeffion de la liberté, &
fi cette poffeffion dure paifiblement &
fans trouble pendant trente années entre
Laïques, & quarante ans contre l'Eglife,
la liberté eft prefcrite.

Il fe fait difons-nous, par la contradiction une interverfion de poffeffion ; mais
il faut pour cela que la contradiction foit
bien précife & bien formelle, & il faut
encore qu'elle foit faite en Jugement,
on peut juger par l'Arrêt que rapporte
M. *Catellan*, *Liv*. 3. *Chap*. 29. par lequel il fut declaré n'y avoir point de
prefcription, quoique le Tenancier qui
l'oppofoit allegât & juftifiât qu'ayant été
affigné, il y avoit plus de trente ans à
la Requête du Seigneur, il n'avoit répon-
du qu'il n'avoit jamais refufé de reconnoître & de payer, pourveu qu'on lui
communiquât des Titres, & qu'on les
adoptât ; que pour cet effet, il requeroit
le Seigneur de lui faire voir des Titres,
& de faire une verification, proteftant
de tous dépens, dommages & interêts :
Voyez Catellan en l'endroit cité, *Laroche*
& Graverol, *Traité des Droits Seigneu-*

riaux, *Chap.* 20. *Art.* 2. *& Boissieu de l'Usage des Fiefs*, *Chap.* 15.

Si la Rente est rachetable.

Il est de la nature de toutes les Rentes constituées à prix d'Argent, de pouvoir être rachetées par le Débiteur ; mais il n'en est pas de même des Rentes foncie-res, & on voit d'abord la raison de la difference, elle est précise entre autres de ce que la Rente constituée a un prix certain, au lieu que le prix de la Rente fonciere est le fonds même qui a été bail-lé sous cette condition, & que le Cen-sitaire ne peut par conséquent retenir sans être obligé de payer. (*a*)

On a vû quelquefois des Baux où il est stipulé que le Censitaire pourra *toties quoties* racheter la Rente moyenant une certaine somme d'Argent, & ces stipu-lations ont donné lieu à une Question ; sçavoir, si la Rente étant comme nous avons dit imprescriptible, la faculté de racheter l'est aussi ? Les Arrêts rappor-

(*a*) Il faut excepter de la regle des Rentes sur les Mai-sons sises dans les Villes, déclarées rachetables par divers Edits, surquoi il faut voir *Dolive*, *Liv.* 2. *Chap.* 35.

tés par M. *Dolive*, *Liv. 2. Chap.* 22.
ont jugé que non, & ces Arrêts font
fondez fur ce que la faculté de racheter
toties quoties, eft de fa propre nature
fujette à la prefcription ordinaire de
trente ans, & qu'elle ne ceffe pas d'être
telle pour être appofée dans un Contrat
imprefcriptible, la Claufe du Bail qui
foûmet le Cenfitaire au payement de la
Rente, & celle qui donne au Cenfitaire
la faculté du Rachat, n'ont entre elles
rien de commun ; la premiere conferve
l'imprefcriptibilité fans la communiquer à
l'autre.

Un homme poffedant un fonds Noble ou Allodial, confent que fur ce
fonds il foit créé une Rente, cette Rente
fera-t-elle regardée comme fonciere, de
maniere qu'elle ne foit, ni rachetable ni
prefcriptible? Les Arrêts ont jugé differamment cette Queftion ; mais fuivant
la derniere Jurifprudence, une telle Rente
eft regardée comme conftituée & vo-
lante, prefcriptible par confequent &
rachetable : une Rente vraiment fonciere
doit être établie *in traditione fundi*, &
tout ce que l'on pourroit dire, que dans
le cas propofé, l'établiffement de la Ren-

te par une espece de fiction *fictione brevis manus*, a été précedée de la tradition du fonds, rien n'empéchant en effet que celui qui possede un fonds Noble ou Allodial ne le délivre d'une main à Titre de vente, & ne le reçoive de l'autre sous la condition de payer annuellement une Rente, tout cela n'est que subtilité, & qu'un prétexte pour faire impunément des Contrats usuraires. *Dolive*, *Liv.* 2. *Chap.* 21. *Catellan*, *Liv.* 3. *Chap.* 5.

Du reste, si la Rente fonciere n'est point rachetable, elle n'est pas non plus reductible en Argent, lorsqu'elle a été établie en grains ou autres especes, & en cela encore la Rente fonciere est differente de la Rente constituée, celle-ci pouvant être toûjours reduite en Argent, suivant, & à proportion du prix pour lequel elle a été achetée.

Comment doit être exigée une Rente indivise?

Lorsque celui qui possedant un fonds Noble ou Allodial, le baille à deux ou plusieurs personnes sans diviser le Cens

ou la Rente, il ne dépend plus de ces
personnes d'en faire la division, & il en
est de même lorsque le Bail est fait à
une seule personne qui vend ensuite le
fonds à parcelles : En l'un & l'autre cas
la Rente est dûë au Seigneur par *indivis*,
& voici à peu près les Maximes que l'on
observe sur cette matiere ; *Papon en ses
Arrêts, Liv. 13. Tit. 2. Art. XIV.* (a)

1°. Que le Seigneur peut choisir &
contraindre celui des Tenanciers que bon
lui semble au payement de l'entiere Rente, & qu'on ne suit point la décision de
M. Maynard, au Liv. 2. de ses Arrêts, Ch.
35. suivant laquelle il faut pour pouvoir
être contraint solidairement, posseder au
moins la quatriéme partie du fonds, les
Tenanciers ne peuvent ôter cette liberté
au Seigneur qu'en nommant chaque année un d'entre eux pour faire la levée,
le tout en la maniere prescrite par M.
*Laroche en son Traité des Droits Seigneu-
riaux, Ch. 2. Art. XIII.* & par M. *Maynard, Liv. 6. Chap.* 38. & par *Henrys*

(a) Dans le Dauphiné on tient que le Cens est
divisible, & que le Seigneur doit agir contre chacun
des Possesseurs à proportion de ce qu'il possede suivant le Chapitre *constitutus extra de Religiosis domibus*
Boissieu, Chap. 77.

2°. Que par la Jurisprudence du Parlement de Toulouse ; *Maynard, Liv. 2. Chap. 35. Laroche des Droits Seigneuriaux, Chap. 6. Art. 11.* le Seigneur ne peut point agir solidairement contre un des Tenanciers pour les arrerages de Rente dûs avant l'introduction de l'Instance, il en est autrement au Parlement de Paris comme on peut voir par les Arrêts rapportés par *Henrys, Tom. II. Liv. 3. Quest. 28.*

3°. Que le Seigneur peut perdre de deux manieres le droit d'agir solidairement contre un des Tenanciers : Il le perd si pendant trente années il divise lui-même son action contre les Tenanciers ; c'est-à-dire, s'il reçoit pendant trente années de chaque Tenancier sa cotité de Rente, & il la perd encore s'il accepte des Tenanciers des Reconnoissances particulieres : l'une ou l'autre de ces deux choses suffit contre un Seigneur Laïque, mais suivant l'observation de M. *Laroche des Droits Seigneuriaux, Chap. 2. Art. VII. & VIII.* l'un & l'autre sont necessaires lorsqu'il s'agit de l'interêt de l'Eglise ; l'Eglise conserve l'*indivis*

malgré les payemens faits par chacun des
Tenanciers de sa cotité s'il n'y a des
Reconnoissances particulieres, & elle le
conserve encore malgré les Reconnoissances particulieres, si elle n'a reçu pendant quarante années de chaque Tenancier sa cotité de Rente.

4°. Que celui des Tenanciers qui a
payé l'entiere Rente, doit sans difficulté
avoir son recours contre chacun des autres Tenanciers, mais sans pouvoir pourtant agir solidairement contre eux, pas
même suivant la Doctrine de M. *Maynard*,
Liv. 6. Chap. 37. quand le Seigneur lui
auroit cedé ses actions, attendu, dit cet
Auteur, que le Seigneur *jus individui
prima testatione aut potius electione con-
sumpsit sique nihil actum sua cessione eum
nullum jus superfuerit.* Si le cas se pré-
sentoit, je doute qu'on suivit cette décision, du moins pour ce qui regarde l'effet de la Cession ; car enfin on ne peut
regarder les Tenanciers d'un fond sujet
à l'*indivis*, que comme des Coobligés
solidaires, & on ne doute point que si
celui des Coobligés solidaires qui paye
le Créancier, prend de lui cession & su-
brogation, il ne puisse attaquer pour le

tout fa portion déduite, celui des autres
Coobligez que bon lui femble, bien
plus, je ne fçai fi en regardant plufieurs
Tenanciers d'un fonds fujet à l'*indivis*
comme des Coobligés folidaires, on ne
pourroit pas les regarder auffi comme
étant cautions entre eux & les uns des
autres, & fi fur ce pied le Tenancier
qui paye l'entiere Rente, ne pourroit
point ufer de cet avantage que les Loix
accordent à toutes les cautions, *Leg.* 17.
Liv. 39. *ff. de Fidejuff. Defpeyffes, Tom.*
III. Catellan, Liv. 5. *Chap.* 49. *Benefi-*
cium cedendarum actionum, & s'il ne
pourroit point forcer le Seigneur à le
fubroger à fa place.

Sur la Queftion, fi la Rente eft in-
divife lorfqu'elle eft établie par le Bail
à raifon de tant par Arpent. Il fut rendu
Arrêt le 21. Mai 1712. au Rapport de
M. Lafon Vedelly, après partage porté
de la premiere à la feconde Chambre
des Enquêtes, en faveur du Sindic des
Feuillans, contre le fieur Labouille Procureur au Senéchal de cette Ville, il y
avoit un Bail conçu en ces termes : *In*
Feudaverunt Bernardo de Fourcade præfenti
quoddam Territoriam fub cenfu duorum
folidorum

solidorum & unius denarii pro quolibet Arpento, unius Libræ Ciræ, unius Paris Gallinarum, & unius pugneræ Bladi, &c. Messieurs de la premiere Chambre des Enquêtes demeurerent d'accord que la Rente de la cire, poules & bled étoit indivise, & le partage ne fût que pour l'Argent, il passa à déclarer l'entiere Rente indivise ; & il passa ainsi, parce que Mrs. de la Premiere ayant convenu, comme il a été dit, de l'*indivis* pour la cire, gelines & bled, la question semble n'être plus en son entier pour l'Argent, & qu'on n'auroit pû sans une espece de contrarieté declarer l'*indivis* pour une partie de la Rente, & non pour l'autre.

De combien d'années le Seigneur peut demander les arrerages de Rente ?

Nous avons dit que la Rente, c'est-à-dire, le droit de l'exiger étoit imprescriptible; il n'en est pas de même de la Rente annuelle, l'action à cet égard, nait pour ainsi dire, & se renouvelle chaque

N

année *singulis annis nascitur* ; & il en est
de cette action comme de toutes les autres qui sont prescrites après trente années ; ainsi les arrerages n'en sont adjugés au Seigneur que depuis vingt-neuf
ans avant l'introduction de l'Instance ;
encore faut-il dans l'Usage de quelques
Parlemens, que le Seigneur rapporte &
communique ses Liéves ou Terriers de
Recette que lui ou ses Fermiers ont dû
tenir, sans quoi on n'adjuge les arrerages que depuis cinq années ; *Henrys
Tom. II. Liv.* 3. *Quest.* 23. atteste cet
Usage dans le Ressort du Parlement de
Paris, & rapporte des Arrêts conformes.

La Loi penultiéme, *Cod. de Apochis
publicis*, décide qu'en matiere de Tri-
buts publics, trois Quittances de trois
années consécutives font présumer le
payement des années précedentes, *si
trium sibi cohærentium annorum Apochas
securitatesque protulit, superiorum tem-
porum Apochas non cogatur ostendere neque de præterito ad illationem tributariæ
functionis coerceatur* ; & suivant cette décision, on juge constamment, que si un
Seigneur fait Quittance de la Rente pen-

'dant trois années confécutives fans aucune refervation de fa part, il eft pré-
.fumé payé de tous les arrerages dûs auparavant, & n'en peut plus faire aucune
demande.

Je dis que le Seigneur eft préfumé
payé, parce qu'en effet les trois Quittances ne font pas tellement une preuve
qu'on ne puiffe & qu'on ne doive admettre le Seigneur à la preuve contraire ;
Cambolas, Liv. 2. Chap. 26. fçavoir,
que les Rentes des années précedentes
lui font dûës : La Loi que nous avons
citée le fuppofe ainfi, lorfqu'elle ajoûte :
nifi id quod repófcerit fibi deberi manifefta
geftorum affertione patefecerit.

Je dis encore fans aucune réfervation
de la part du Seigneur ; car il a été jugé
non-feulement que la refervation expref-
fe des arrerages, mais que la refervation
même vague des autres Droits & Devoirs Seigneuriaux excluoit la préfomption de la Loi. Un Seigneur qui dans
trois Quittances confécutives avoit ainfi
vaguement refervé fes autres Droits,
fit condamner le Tenancier au payement
des arrerages anterieurs à ces Quittances ; l'Arrêt eft rapporté par M. *Catel*-

lan, *Liv.* 3. *Chap.* 27. *M. le Préfident*
Faber en fon Code, *Liv.* 4. *Tit.* 43. *dé-*
finit. 14. parle de quelques Coûtumes,
ou une Reconnoiffance acceptée par le
Seigneur a le même effet que celui de
trois Quittances confécutives ; mais ces
Coûtumes doivent être regardées comme
des exceptions au Droit commun, fuivant lequel une Reconnoiffance ne fait
ni preuve ni préfomption du payement
des arrerages ; *Laroche des Droits Seigneu-*
riaux, *Chap.* 2. *Art. XVII.* & *Chap.* 6.
Art. XIV.

De la liquidation des arrerages.

Si la Rente confifte en grains ou autres
efpeces, on juge qu'elle doit être payée
en efpeces, tant pour l'année que la demande en eft faite, que pour l'année précedente ; & nos Auteurs, *Laroche*, *ibi-*
dem, *Chap.* 2. *Art. II.* ne donnent point
d'autre raifon de cette Jurifprudence, finon qu'un pere de famille bon œcono-
me conferve ordinairement les fruits de
deux années, de l'année courante & de
celle qui a précedé.

Mais à l'égard des autres années la li-

quidation s'en fait toûjours en Argent,
& elle se fait differamment suivant que
la Rente est querable ou portable : si la
Rente est portable, les arrerages doivent être payés au plus haut prix, que
les grains ou autres denrées ont valu
année par année, *quanti res plurimi fuit* ;
& si elle est quérable, il faut distinguer
ou le Seigneur n'a fait aucunes diligences pour se faire payer, ou il en a fait.
Dans le premier cas, on doit se regler
pour la liquidation sur le prix des denrées lors de la destinée solution ; dans
le second, les arrerages de la Rente,
quoique querable, se payent comme
ceux de la portable ; c'est-à-dire, au plus
haut prix que les denrées ont valu année par année ; on comprend que cette
estimation au plus haut prix, soit pour
la Rente portable, soit pour la Rente
querable après la sommation, est la juste
peine du retardement, le Tenancier ayant
également à s'imputer de n'avoir pas porté la Rente au Seigneur lorsqu'il y étoit
obligé, & de n'avoir pas payé après
avoir été sommé & interpellé par le Seig-
gneur ; *voyez Cambolas, Liv, I. Chap.*
20. le Président Faber en son Code, Liv.

4. *Tit. dernier*, *définit*. 15. *Graverol sur Laroche*, *Traité des Matieres Féodales*, *Chap. 2. Leg. Vinum*, *ff. de Rebus creditis*; *Leg. Ultima*, *ff. de conditione triticaria.*

Quand nous disons que la Rente consistant en grains, doit être payée en espece pour l'année que la demande en est faite & pour l'année précedente, nous supposons que la Rente est querable; car si elle est portable, les Arrêts ont jugé que tous les arrerages sans distinction en sont dûs sur le plus haut prix que les grains ont valu chaque année; il y en a un entre autres du premier Septembre 1714. rendu en faveur du Sieur de Lavergne de Monbasin contre le Sieur Donadieu.

Que s'il n'est point dit dans le Bail, à quel jour, ou en quel tems précisément de l'année la Rente doit être payée, & que la Rente étant querable, il n'ait point été fait des diligences de la part du Seigneur au moyen desquelles le Tenancier soit en demeure, il sera juste alors de faire la liquidation, eu égard aux quatre saisons & prix commun de chaque année, le tout en la maniere prescrite par *l'Ordonnance de 1667. Tit. 30.*

Sur la Queſtion, ſi les interêts des arrerages des Rentes ſont dûs depuis l'introduction de l'Inſtance ; on diſtingue au Parlement de Touloufe entre le Seigneur & le Fermier ; On les refuſe au premier, & on les adjuge au ſecond, cette difference fondée ſur ce que les arrerages de Rente par rapport au Seigneur, ne repréſentent que des fruits & des revenus, au lieu qu'ils répréfentent au Fermier le prix de la Ferme qui eſt pour lui un capital ; *Catellan, Liv. 6. Chap. 6.*

On demande ſi un fonds revenu en la main du Seigneur Directe, & depuis par lui aliené, eſt ſujet à la premiere Rente : Je ſuis Seigneur Directe d'un fonds aſſujetti par le Bail à une Rente annuelle d'un ſétier de bled : Ce fonds revient en ma main par déguerpiſſement, prélation ou autrement, & je l'aliene enſuite ſans faire aucune reſervation de la Rente ; ce défaut de reſervation rendra-t-il le fonds allodial ? oui, ſans doute ; car quoi qu'en diſe *Brodeau ſur Loüet, Lettre F. Chap.* 5. tel eſt l'effet de la confuſion ou de la réünion de la Dominité utilie à la Seigneurie Directe, d'éteindre abſolument la Rente & tous autres

Droits stipulés dans le premier Bail, *si quis*, dit la Loi derniere, *ff. de servitutibus orbanorum, prædiorum, si quis ædes quæ suis ædibus servirent eum emisset traditas sibi acceperit, confuta sublataque servitus est, & si rursus vendere vult, imponenda servitus est alioquid libera veneunt*; *Dolive, Liv. 2. Chap. 19.*

CHAPITRE III.

Des Lods.

LEs Lods sont dans le Contrat censuel, ce que les Coûtumes appellent en matiere de Fief, *Quint & Requint, Laudimia*, du mot latin *laudare*, loüer, approuver; car en effet, ce Droit n'est autre chose que le prix de l'approbation ou du consentement que donne le Seigneur Directe au changement de main, les Lods sont dûs de Droit commun & par la propre nature du Bail à Cens.

Il y a bien de Provinces où on ne connoît que sous le nom de *Lods* l'un & l'autre; je veux dire le Droit dû au Seigneur Féodal, lorſqu'il y a mutation de Fief ; & le Droit dû au Seigneur Directe, lorſqu'il y a mutation du fonds ſujet à Cens ou à Rente.

Il y a cette difference du Droit qu'exige le Seigneur Féodal, d'avec celui qu'exige le Seigneur Directe à chaque mutation ou changement de main ; que le premier de ces Droits n'eſt dû qu'autant qu'il eſt établi par la convention ou par la Coûtume des Lieux, *de jure non debentur Laudimia ex alienatione Feudi niſi vel pacto vel conſuetudine aliud cautum ſit ; Ferriere ſur la Queſt. 167. de Gui-Pape* ; au lieu que l'autre eſt dû de Droit commun, & par la propre nature du Bail à Cens, ſur quoi un de nos Auteurs ſe recrie ſur la biſarrerie de nos Coûtumes ; car pourquoi, dit il, le Droit commun n'eſt-il point ſur cette matiere pour le Seigneur Féodal, auſſi bien que pour le Seigneur Directe, celui-là autant & plus favorable même que l'autre, puiſque les Lods ſont pour lui une maniere de dédommagement de ce qu'il ſouffre depuis que les Fiefs ſont devenus hereditaires & patrimoniaux ? Et pourquoi, ajoûte-t-il encore, le Droit commun n'eſt-il pas pour le Retrait Censuel aussi-bien que pour le Féodal : l'objet de l'un & de l'autre n'est-il pas le même, & ne derivent-ils pas tous les deux du même principe ? Ces reflexions sont assez justes ; mais comme nous sommes préposés pour expliquer le Droit François que nous trouvons établi, & non point pour le corriger, il faut s'en tenir à ce que nous avons dit.

Les Coûtumes ont reglé differamment le plus ou le moins de ce qui doit être payé au Seigneur pour les Lods ; il y en a qui ont reglé ce Droit au tiers du prix ; j'en connois où le Seigneur ne peut exiger que le quarantiéme, plusieurs ont pris un milieu, mais il n'y en a point qui se soit conformée à la disposition de la Loi derniere, *Cod. de jure Emphiteutico*, qui dans l'Emphiteose oblige le Seigneur à se contenter de la cinquantiéme partie du prix, *& ne avaritia tensi Domini magnam molem pecuniarum super hoc efflagitent non amplius eis liceat, nisi quinquagesimam pretii vel æstimationis Loci quæ ad aliam personam transfertur accipere, &c.*

La plûpart des Coûtumes en fixant

le Droit du Seigneur au tiers, au sixiéme, ou au douziéme, n'ont pas reglé
encore si ce tiers, ce sixiéme, ou ce
douziéme, est au - dedaus ou dehors du
prix, ce qui fait pourtant une difference
considerable ; car supposant, par exemple,
que l'entier prix de la vente est de 3000.
liv. le tiers ensus, ou comme dit M.
Coquille sur la Coûtume de Nivernois,
Titre des Bordelages, N°. 3. le tiers pris
en outre & en montant fera 1500. liv.
& contre autrement il ne fera que mille
livres ; mais à cet égard il suffit d'observer avec M. *Boissieu de l'Usage des Fiefs*,
Chap. 79. que dans le doute il faut donner aux Coûtumes l'interprétation qui
favorise le plus l'Acquereur, la Maxime
in dubiis quod minimum est sequendum,
appliquée à ce cas comme à une infinité
d'autres.

   Non liceat, dit la Loi derniere *de jure
Emphiteutico* au Code, que nous avons
déja citée, *non liceat nisi quinquagesimam prætii vel æstimationis Loci qui ad
aliam personam transfertur accipere* ; de-là
quelques Auteurs, du nombre desquels
est *Ferriere* sur la Question 48. *de Gui-
Pape*, ont conclu que les Lods étoient

dûs de toute mutation indistinctement, appliquant le mot *prétii* aux Contrats de vente, & le mot *æstimationis* à tous autres Contrats où il n'intervient point de prix ; mais l'usage a rejetté cette interprétation : on n'adjuge les Lods que des Contrats où on distingue la chose & le prix, le Vendeur & l'Acheteur, *Glose* I. *sur le mot acheté à prix d'Argent, Laudimia*, dit Dumoulin sur l'Art. LXVIII. de la Coûtume de Paris, *non debentur nisi in casu, veræ, propriæ & strictæ venditionis.*

Par cette raison que les Lods ne sont dûs que des Contrats où on distingue la chose & le prix, le Vendeur & l'Acheteur, la plûpart des Coûtumes ont décidé qu'il n'étoit dû aucun Lods en échanges : Ces Coûtumes sont en si grand nombre, qu'on peut dire que c'est-là le Droit commun du Royaume, & qu'on s'éloigne de ce Droit commun au Parlement de Toulouse, lorsque, suivant la distinction marquée par M. *Cambolas, Liv.* 2. *Chap.* 30. & par M. *Catellan, Liv.* 3. *Chap.* 25. on adjuge ; sçavoir, les entiers Lods, si les biens échangés sont Mouvans de deux differens Seigneurs, chacun des Seigneurs recevant les Lods de la valeur de la piéce Mouvante de sa Directe & Demi-Lods si les biens échangés sont tous Mouvans d'un même Seigneur, ce Seigneur recevant les Lods de la moitié de la vente de chaque piéce échangée, rien ne prouve mieux que de Droit commun les Lods ne sont point dûs des échanges, que cet Article des Cahiers présentés aux Etats de Blois, par lequel la Noblesse se plaignoit qu'on la frustroit de ses Droits par les échanges que l'on faisoit tous les jours des Terres, avec des Rentes constituées à prix d'Argent, plaintes qui furent trouvées justes pour les Païs où les Rentes constituées sont mises au nombre des Effets Mobiliaires, mais sans fondement pour les Païs où cette nature de bien est reputée immeuble; parce que, comme dit *Argentré, permutatio Rei mobilis, cum re immobilis vice fungitur verum permutationis contractum, quo casu moribus nostris non debentur Laudimia.*

En l'année 1696. on vit paroître un Edit par lequel le Roi ordonna, que les mêmes Droits établis & reglés par les Coûtumes pour les mutations qui se font

par Contrats de vente, lui feront payés
à l'avenir aux mutations qui fe feroient
par Contrats d'échange, non-feulement
dans l'étenduë de fes Directes, mais des
Directes encore des Seigneurs particuliers ; non-feulement dans les Coûtumes
où il n'étoit dû auparavant aucuns Droits
pour les échanges, mais dans celles-là
encore qui attribuent aux Seigneurs un
Droit moindre que celui qui fe trouve
établi pour les Contrats de vente, Sa
Majefté voulant qu'en ce dernier cas il
lui fût payé le furplus. Par une Declaration pofterieure, le Roi permit l'alienation de ces Droits en donnant la préference aux Seigneurs des Lieux pour en
joüir par les Acquereurs à Titre des Fiefs
mouvans du Domaine de la Couronne,
avec faculté de fe dire & qualifier Sei-
neurs en partie des Terres, dans l'étenduë defquelles l'acquifition auroit été faite, & joüir des Droits Honorifiques dans
les Eglifes immédiatement après les Seigneurs particuliers, ou feuls & à l'exclufion de tous autres dans les Terres où il
n'y auroit autre Seigneur que le Roi ;
mais peu de gens s'étant préfentés pour
acquerir les chofes, moyennant quelque

taxe payée par les Seigneurs, demeurerent fur le pied & en l'état où elles étoient
auparavant, *Henrys, Tom. II.*

Il arrive quelquefois que dans les
échanges, une des Parties donne à l'autre certaine fomme en fupplement, &
en ce cas point de difficulté que le Lods
ne foit dû à concurrence de la fomme donnée; parce que, comme dit *Argentré fur
la Coûtume de Bretagne, Art. 73. N°. 10.
fi pecuniæ fit fupplementum hactenus venditio eft & Laudimia debentur quatenus
pecuniæ quantitas afcendit, Boiffieu, Catellan, Liv. 3. Chap. 25.*

Si de Droit commun les Lods ne font
point dûs pour les échanges, ils font encore moins dûs pour les Donations; ainfi
il faut regarder comme fingulieres les
Coûtumes qui obligent les Donations à
payer au Seigneur la moitié des Droits
qui fe payent dans les mutations qui fe
font par Contrat de vente; quand on
dit qu'il n'eft point dû des Lods d'une
Donation, on entend parler d'une pure
liberalité; car fi la Donation étoit faite
à titre onereux, on regarderoit fans difficulté la charge impofée par le Donateur, comme le prix d'une vente dégui-

fée ; & le Donataire, regardé alors comme un veritable Acheteur, ne pourroit se dispenser de payer le Lods. Je donne, par exemple, un Champ ou une Maison, à la charge par le Donataire de payer mille écus de dettes, la chose n'est point équivoque, & il est évident que j'ai voulu vendre, & que j'ai vendu en effet ma Maison ou mon Champ, du moins à concurrence de mille écus, que le Donataire s'est obligé de payer à ma décharge ; il en seroit autrement si je donnois tous & chacuns mes biens, à la charge par le Donataire d'acquitter toutes mes dettes, la charge en ce dernier cas ne pourroit être regardée comme le prix d'une vente déguisée, & ne pourroit par conséquent donner lieu au payement des Lods, parce qu'il est de la nature de toutes les Donations universelles que le Donataire ne puisse les accepter, qu'il ne s'engage en même-tems au payement des dettes *cum bona non intelligantur nisi deducto ære alieno*; Catellan, Liv. 3. Chap. 22. *Henrys, Tom. II. Liv. 3. Quest. 26.*

Si les Lods sont dûs, comme nous venons de le dire, d'une Donation particuliere, faite à la charge de payer certaines

taines dettes, ils font dûs par la même
raison lorfque le Proprietaire d'un fonds
le baille en payement à fon Créancier,
datio in folutum inftar wend.tionis, ou
comme dit *Tiraqueau*, *de retractu*. §. 1.
Glof. 14. n°. 22. *Datio in folutum relabitur
vi & vero intellectu in caufam emptionis
venditionis* : on n'excepte que le Bail
fait à un fils d'un fonds paternel en payement des droits paternels.' Par exemple,
un pere legue à fon fils une fomme de
3000. liv. & l'heritier du pere baille en
payement du legs un fonds dépendant de
l'heredité paternelle, le Seigneur en ce
cas ne peut prétendre aucuns Lods ; &
il en eft de même lorfque le fils heritier de fon pere baille un fonds paternel
en payement de la conftitution dotale faite à fa fœur par le pere commun. Les Arrêts rapportez par *Ferriere*, *fur la Queftion*
48. *de Guy- Pape*. Catellan, liv. 3. Ch.
20. Dolive en fes nouvelles Additions fur
le Chap. 19. du Liv. 2. l'ont jugé ainfi ;
mais ce qu'il y a de remarquable, ils ont
jugé en même temps que dans les deux cas
propofez, l'exemption du payement des
Lods étoit perfonnelle au fils & à la fille,
& qu'elle n'avoit point lieu fi le fonds

O

baillé en payement n'étoit de la fucceffion du pere : qu'on fuppofe, par exemple,
que le fonds foit baillé non au fils legataire, mais à la mere de ce fils qui lui
fuccede avant le payement ; qu'on fuppofe encore que le fonds foit baillé non
en payement du capital de la conftitution
dotale, mais en payement des interêts
qui ont couru depuis le mariage au profit
du mari ; que l'on fuppofe enfin que le
fonds baillé en payement, ou du legs
paternel ou de la conftitution, faite par le
pere foit un fonds étranger acquis par le
fils, ou à lui avenu d'ailleurs que du chef
du pere, en tous ces cas les Lods feront
inconteftablement dûs ; *Dolive*, *Ferriere
fur Guy Pape.*

J'ai vû fouvent agiter deux ou trois
Queftions au fujet des fonds qui fe donnent en payement. 1°. Si les Lods font
dûs du partage qui fe fait entre Coheritiers ou entre Affociez, & Coproprietaires, foit qu'il y ait argent de retour ou
qu'il n'y en ait point. 2°. Si les lods font
dûs d'une Tranfaction ; c'eft-à-dire, lorfque pour caufe de Tranfaction une des
Parties fait délaiffement à l'autre du fonds
contentieux. 3°. Si les Lods font dûs d'une

constitution dotale payée originairement
en fonds , soit que cette constitution soit
faite par le pere de la femme , soit qu'elle
soit faite par la femme elle-même , ou
par un étranger.

Sur la premiere Question, quelques
Auteurs, du nombre desquels est *Bac-*
quet, Traité des Francs Fiefs , chap. 7.
Nomb. 22. 23. & 24. ont voulu distinguer les partages faits entre Coheritiers ,
de ceux qui se font entre Associez ou
Coproprietaires ; cependant l'opinion
commune est celle qui excepte les uns &
les autres du payement des Lods : des
Associez, qui ne sont tels , que parce
qu'ils ont bien voulu l'être, sont moins
favorables , sans doute que des Coheritiers, *quos necessitas rei & ipsa res ad*
communionem adduxit ; mais enfin l'objet
des uns & des autres dans le partage est
toûjours le même , les uns & les autres
cherchent également *à communione disce-*
dere non vendere. Voyez *Bacquet* en l'endroit cité, *Loüet Lettre L. chap. 9. Boissieu*
de l'usage des Fiefs , chap. 80. Loysel en ses
Institutions Coûtumieres , Tit des Cens,
Art. 13. Ferriere sur la Question 48. de
Guy-Pape.

Sur la deuxiéme Queſtion, *Ferriere Queſtion* 48. diſtingue de cette maniere, ou la partie à qui on délaiſſe le fonds par Tranſaction y avoit déja auparavant quelque droit, ou elle n'y en avoit aucun : les Lods ne ſont point dûs dans le premier cas, mais ils ſont dûs dans le ſecond, *ſine fraude id fiat, & jus aliquod is habeat aut certum aut dubium, non debentur Laudimia ſi verò conſtet jus non competere aliquod ei in quem res ex cauſa Tranſactionis transfertur, quia fraudulenta eſt Tranſactio Laudimia debentur* : Cette déciſion eſt juſte, & Mr. Catellan, *liv.* 3. *Ch.* 20. rapporte des Arrêts qui ont jugé en conformité.

Sur la troiſiéme Queſtion les Sentimens ſont aſſez partagez : on comprend d'abord que la difficulté ne peut tomber que ſur la Dot que l'on paye en fonds donné avec eſtimation ; car tel eſt l'effet de l'eſtimation de tranſporter la proprieté du fonds au mari obligé ſeulement à reſtituer le prix ; & cela ſuppoſé, on diſtingue ou la dot a été conſtituée par le pere de la femme, ou elle a été conſtituée par la femme même, ou par une perſonne étrangere. Dans le premier cas, on convient qu'il n'eft dû aucuns Lods ; & pourquoi, en effet, en feroit-il dû lorfque le pere paye lui - même en fonds la dot qu'il a conftituée , puifque , comme nous avons dit ci - deffus , il n'en eft point dû lorfque la dot conftituée par le pere eft payée dans les fuites par le fils heritier du pere, au moyen de la ceffion ou délaiffement qu'il fait d'un fonds paternel ? Dans le fecond cas, c'eft-à-dire, lorfque la dot a été conftituée par la femme même ou par un étranger, *Ferriere, fur la queft.* 48. *de Guy Pape* , diftingue encore ou l'eftimation eft telle qu'elle ôte au mari l'option de rendre ou le fonds ou le prix, *ita ut non fit in arbitrio mariti fundum vel æftimationem præftare , fed folum æftimationem* ; & en ce cas les Lods , dit cet Auteur, font dûs du jour du Contrat de mariage ; ou l'eftimation eft faite de maniere qu'elle laiffe au mari la liberté du choix, ou de rendre le fonds, ou d'en payer le prix ; & en ce cas le Droit de Lods eft comme en fufpens, *Leg. plerumque* , §. 6. *ff. de jure dotium.* Il fera dû fi le mari retient le fonds en payant le prix, & il ne fera point dû fi le mari aime mieux rendre le fonds tel qu'il l'a reçû. Tous les Auteurs qui ont

O iij

écrit après *Ferriere*, n'ont fait que le co-
pier ; & *Henrys* qui eſt le ſeul qui a voulu s'en écarter, ne fait qu'embarraſſer la
Queſtion au lieu de l'éclaircir ; *Henrys*,
Tom. 2. liv. 3. Queſt. 26. page 277. Il
ſemble que dans tous les cas, ſans diſtinction, & ſans faire dépendre la choſe
de l'évenement, l'exemption des Lods
ſeroit juſte & favorable, parce qu'enfin
l'eſtimation ne tranſporte pas ſi incommutablement la proprieté du fonds au mari
que la femme n'ait la liberté de le reprendre ſi le mari eſt inſolvable, *L. in rebus*
30. *Cod. de jure dotium* ; & d'ailleurs ſi
l'eſtimation étoit un obſtacle à l'exemption des Lods, pourquoi ne le ſeroit-elle
pas auſſi-bien lorſque la dot a été conſtituée par la femme même ou par une perſonne étrangere ? A regarder l'eſtimation
comme une veritable vente faite au mari,
comment le fonds baillé en payement de
la dot conſtituée par le pere, peut-il conſer-
ver la faveur d'un fonds tenant lieu de legitime ou de portion hereditaire ?

Les Lods ſont-ils dûs d'une vente à
faculté de rachat ? Les Coûtumes conviennent peu entre elles ſur cette Queſtion ; les unes décident abſolument que

les Lods ne font point dûs, *Boiffieu*, *chap.*
85. les autres adjugent les Lods, non-
feulement de la vente, mais de la revente
encore faite en execution du pacte de rachat ; & il y en a enfin qui prennent un
milieu en adjugeant les Lods après la faculté de rachat expirée.

Toutes ces differentes Coûtumes s'é-
loignent également de la difpofition du
Droit commun, fuivant lequel les Lods
font dûs d'une vente à faculté de rachat,
ainfi que d'une vente pure & fimple ; la
vente malgré cette faculté, ne laiffant
pas d'être parfaite, quoique *fub conditione refolubilis*, & fuivant lequel encore il
n'eft dû aucun Lods de la revente qui fe
fait en vertu du pacte de rachat, parce
que, comme dit *Dumoulin Titre des Fiefs,
Gloff.* 1. in verbo *Droit de Relief*, n°. 12.
*Non videtur nova venditio fed fimplex ref-
titutio, five retraditio rei facta ex pacto
appofito in prima venditione* ; c'eft moins
une nouvelle vente qu'une refolution de
la premiere, & une refolution faite *non
à caufa nova, fed antiqua & neceffaria
quæ inexiftit primæ venditioni, unde ex
ea non infurgunt nova jura* ; on le juge

O iv

ainſi par tout où les Coûtumes ne diſpo-
ſent pas autrement, comme on peut voir
par les Arrêts rapportez par *Dolive*, *Liv.*
2. Ch. 18. par *Loüet & Brodeau*, *Lettre L.*
ch. 18. *& Lettre V. ch.* 12. *Maynard*,
Liv. 6. *chap.* 28. *Argentré ſur la Coûtume*
de Bretagne, *Art.* 64. *Bacquet*, *Traité des*
Droits de Juſtice, *ch.* 12. *N°.* 10 *Loyſeau*,
Traité du Déguerpiſſement, *Liv.* 6. *ch.* 5.
N°. 8. *Henrys*; *Tom.* 2. *liv.* 3. *Queſt.* 11.
& Catellan, *liv.* 3. *ch.* 31.

Quoiqu'il y ait, comme nous venons
de le dire, des Coûtumes qui n'adjugent
les Lods de la vente à faculté de rachat
qu'après la faculté de rachat expirée,
on juge néanmoins dans ces Coûtumes
que le droit eſt acquis au Seigneur du
jour du Contrat : en ſorte que le Vendeur n'uſant pas de la faculté ſtipulée,
le Fermier qui étoit lors du Contrat eſt
fondé à demander les Lods préferable-
ment à celui qui ſe trouve Fermier lors
de la faculté expirée ; *M. le Prêtre*, *Cen-*
turie 1*re*· *ch.* 41. rapporte des Arrêts qui
l'ont jugé de même ; *Catellan*, *Tom. I.*

Du reſte, on n'adjuge pas ſeulement
les Lods de la vente à faculté de rachat,

on les adjuge encore de l'achat de la plus valuë, ou du supplement du juste prix; mais je ne sçai par quelle bizarre-rie les Lods de ce Supplement ont été adjugés par les Arrêts au Fermier qui se trouvoit lors, plûtôt qu'au Fermier qui étoit au tems du Contrat; car enfin, par l'achat de la plus valuë, il ne se fait point une nouvelle Translation de pro-prieté, & le Supplement du prix joint au prix originaire de la vente, faisant le juste prix de la chose venduë, il semble que le tout devroit appartenir au Fermier du tems du Contrat. *Voyez Gueret en ses Observations sur Mr. Leprêtre à l'endroit ci-té, Centurie* 1. *chap.* 41. *Maynard, liv.* 6. *chap.* 28. *Catellan, Tom. I.*

Il en est à peu-près du pacte commis-soire, comme du pacte de rachat : Je vends un fonds sous cette condition, que si je ne suis payé de l'entier prix dans un certain tems, la vente sera nulle, *Leg.* 2. *ff. de Leg. commißoria, si ad diem pe-cunia soluta non sit, ut fundus inemptus sit,* la condition ne tombe point sur la vente, mais plûtôt sur la résolution de la vente; c'est-à-dire, qu'il dépend de l'évenement de la condition, non point

que la vente foit nulle ou valable, mais
que la vente foit refoluë ou non, *Leg.*
1. ff. eodem, fi fundus commifforia, Lege
venierit, magis eft ut fub conditione re-
folui emptio, quàm fub conditione contracta
videatur ; ainfi je fuis perfuadé qu'on ad-
jugeroit les Lods d'une vente de cette
nature ; ainfi qu'on les adjuge d'une vente faite fous la faculté de rachat. Si
quelques Auteurs, Defpeyffes, Tom. III.
ont décidé le contraire, c'eft, fans doute, parce qu'ils ont confondu le pacte
commiffoire avec cette autre convention
appellée en droit *aditio in diem Leg. 1.*
& 2. ff. de in diem additione : Je vends
un fonds avec cette Claufe, fauf fi dans
le mois il ne fe préfente quelqu'autre
qui faffe ma condition meilleure , *ille*
fundus centum efto tibi emptus nifi fi quis
intrà Kalendas Januarias proximas melio-
rem conditionem fecerit : La vente en ce
dernier cas étant conditionelle , ou, pour
mieux dire, n'y ayant proprement de
vente qu'après le délai expiré , il eft évident qu'avant le délai expiré le Seigneur
ne peut prétendre aucun Lods.

La Claufe de Précaire que l'on infére
toûjours dans les Contrats de vente, &

que les Arrêts y suppléent lorsque les Parties l'ont omise, approche un peu du pacte commissoire ; mais, dans le fonds, c'est chose bien differente, à la rigueur & suivant les principes du Droit, la Clause du Précaire empêche ou suspend toute translation de propriété, jusqu'à ce que le Vendeur soit payé de l'entier prix, *Leg. 20. ff. de Precario ea quæ distracta sunt*, dit le Jurisconsulte, *ut Precario penes emptorem essent quoad pretium universum per solveretur si per emptorum stetit quominus persolveretur venditorem posse persequi* ; & par cet ordre, il semble qu'on ne devroit adjuger aucuns Lods des Contrats de vente, qui contiennent une semblable Clause, ou dans lesquels on la supplée ; cependant telle est la Jurisprudence des Arrêts, qu'on adjuge les Lods non-seulement de la vente, mais lors encore que le Vendeur faute de payement du prix, est obligé de reprendre les biens vendus, la Clause de Précaire n'étant regardée dans l'usage que comme une Clause de précaution pour l'interêt du Vendeur & la sureté du payement du prix ; une Clause de précaution dont l'effet n'est autre que de donner au Ven-

deur une hypotéque privilegiée, & une
préference à tous autres Créanciers,
fur le prix provenant de la vente Judi-
ciaire du fonds par lui vendu, & qu'il
peut à cet effet faire ordonner fépare-
ment des autres biens de l'Acheteur ;
Dolive, liv. 2. chap. 17.

Les Lods font-ils dûs d'un engagement ou Anticrefe ? les Lods font ils dûs
d'un Contrat nul ou annullé ? le nouvel Acquereur eft-il tenu des Lods des
mutations précedentes ? Trois Queftions
importantes avec lefquelles nous allons
finir ce Chapitre.

Si les Lods font dûs de l'enga-
gement.

L'Anticrefe ou engagement ne tranf-
portant point au Creancier la proprieté
de la chofe, il femble qu'il ne peut être
dû aucun Lods d'un Contrat de cette
nature ; cependant on les adjuge au Parlement de Touloufe, après dix années de
joüiffance ; & cette Jurifprudence eft fondée fur ce qu'on préfume que l'engagement qui dure fi long-tems, eft en effet
une vente veritable qu'on a voulu dé-

guiſer pour frauder le Seigneur : De cela qu'on préſume que l'engagement après dix années de joüiſſance , a été dès le commencement & dans l'intention des Parties une vente deguiſée, on doit con-clurre que les Lods doivent être adjugés au Fermier, qui étoit lors du Contrat d'engagement , & non à celui qui l'eſt lors de la dixiéme année expirée ; & c'eſt ainſi en effet que les Arrêts l'ont jugé & le jugent tous les jours ; *Dolive , liv.* *2. chap.* 18. *Catellan , liv.* 3. *chap.* 19. Du reſte , il ſuffit que la joüiſſance de dix années ſoit continuë ; & il eſt indif-ferent que le Créancier ait toûjours joüi ſur le même Contrat , ou ſur un Contrat renouvellé.

Si les Lods ſont dûs d'un Contrat nul.

Les Lods ne ſont point dûs d'une ven-te nulle de plein droit , & ils ne ſont pas dûs non plus d'une vente reſcindée pour cauſe inherente au Contrat *ex cauſa* *antiqua & primæva undè contractus fingi-* *tur retrò nullus & reducitur ad non actum :* Tous nos Auteurs conviennent de la Ma-

xime, en proposant pour exemple la vén-
te des biens d'un Mineur, ou de l'Eglise
faite sans aucunes formalités, la vente
d'un fonds dotal, la rente rescindée par
lézion d'outre moitié du juste prix, &c.
Et ils conviennent en même-tems que
dans tous les cas où les Lods ne sont
pas dûs, le Seigneur qui les a perçûs ne
peut pas éviter de les rendre ; *Argentré*
sur la Coûtume de Bretagne, Art. LIX.
Nᵒ. 4. Boissieu de l'Usage des Fiefs, ch.
89. Ferriere sur Guy-Pape, Quest. 590. &
Cambolas, liv. 5. chap. 34.

Les Lods, disons-nous, ne sont point
dûs lorsque la vente est rescindée pour
cause inherente au Contrat, mais il n'en
est pas de même lorsque la récision n'a
d'autre fondement que la volonté ou le
consentement reciproque du Vendeur &
de l'Acheteur ; la résolution volontaire
de la vente ne peut ôter au Seigneur un
Droit qui lui est déja acquis, & bien
plus, c'est que le Seigneur est fondé à
demander encore des Lods de cette resolution volontaire regardée comme une
revente.

Toutes les Coûtumes du Royaume
conviennent assez sur ce point que le Sei-

gneur peut demander des Lods, & de
la vente, & de la refolution de la vente ;
mais elles ajoûtent toutes la condition,
fi res non fint amplius integra, & c'eft là
ce qui fait la difficulté, parce qu'il n'y
en a point qui marque précifement l'intervale qu'il doit y avoir de la vente à
la refolution. Pour que les chofes ayent
ceffé d'être dans leur entier, la *Loi* 1.
du Code, *quando liceat ab emptione dif-
cedere*, décide qu'après la Tradition de la
chofe venduë tout eft confommé ; &
qu'ainfi jufqu'à la Tradition ou la mife
de poffeffion de l'Acheteur, les Parties
peuvent par un confentement reciproque
refoudre & annuller la vente, fans que
le Seigneur puiffe exiger aucun Lods ;
mais de-là encore il nait une autre difficulté ; fçavoir, s'il faut une Tradition
ou une poffeffion réelle, & fi la Tradition civile qui fe fait communement
par le Bail de la Cede ou de la plume
du Notaire n'a pas le même effet ; *Boiffieu*, *Traité de l'ufage des Fiefs*, *chap* 45.
pretend qu'il n'y a à cet égard aucune
difference de la Tradition feinte ou civile, de la poffeffion réelle ; & M. *Catellan*, *liv.* 3. *chap.* 18. rapporte un

Arrêt qui le jugea ainſi bien préciſé-
ment en faveur du Syndic du College de
Maguelone de cette Ville, contre le
Sieur Fondeyre & le Sieur Trantoul :
ce dernier avoit declaré au Sieur Fondeyre le lendemain de la vente qui lui
avoit été faite de certain Domaine, qu'il
ſe départoit du Contrat de vente, attendu, diſoit-il, qu'il n'avoit pas trouvé le
bien vendu, tel & en l'état qu'on le lui
avoit marqué ; & environ un mois après,
Fondeyre avoit accepté le déſiſtement
de Trantoul ; par Arrêt il fut adjugé au
Syndic du College de Maguelone de la
Directe de qui étoient mouvans les biens
en queſtion, deux differens Lods, l'un
de la vente, l'autre du Contrat de re-
ſolution ou déſiſtement, ſuivant la diſpoſition de la *Loi Quoties*, *Cod. de rei*
vindicatione, on ne doit dans le concours de deux Acquereurs de la même
choſe & du même Vendeur, avoir aucun égard à la poſſeſſion feinte & civile,
& celui-là doit être preferé, qui eſt le
premier en poſſeſſion réelle & actuelle,
quoique poſterieur au Contrat de l'autre ;
mais par rapport aux Lods, on ne diſtingue point encore une fois la poſſeſſion

fion réelle de la civile, il fuffit que la vente foit parfaite ; & on la regarde comme telle, dès que les Parties ont convenu de la chofe, du prix, & du terme des payemens : *Voyez Boiffieu & Catellan aux endroits cités ; Henrys, Tom. II. liv. 3. Queft. 29.*

Une Queftion celebre fur cette matiere, eft de fçavoir, fi les Lods font dûs de la refolution du Contrat de vente d'un fonds vendu Alodial qui fe trouve chargé de Rente ; mais la Jurifprudence des derniers Arrêts l'a renduë oifeufe, en ce qu'elle a comme aboli dans le cas propofé l'ufage de la redhibitoire, en ne donnant à l'Acheteur que l'Action *quanti minoris* : Si l'Acheteur ne peut forcer le Vendeur à refoudre la vente, & s'il n'a qu'une action pour fon dédommagement ou la diminution du prix ; il eft évident que lors que les deux Parties conviennent de refoudre la vente, cette refolution volontaire, bien loin de priver le Seigneur des Lods de la vente, doit être regardée elle-même comme une revente fujette, par conféquent à des nouveaux Lods, &c. Tout ce que peut faire l'Acquereur ; c'eft de faire diminuer les Lods

P

par rapport à la diminution du *quanti minoris* ; parce qu'enfin il est vrai de dire que le veritable prix de la vente est ce qui en revient au Vendeur , distraction faite du *quanti minoris* ; comme le Supplement du prix est ajoûté au prix du Contrat , & fait le veritable prix pour augmenter les Lods , on ne doit pas mettre sans doute au nombre des resolutions volontaires celle qui se fait par le rabatement du Decret , & cependant les Arrêts (*a*) ont jugé qu'il en étoit dû des Lods ; la resolution, il est vrai, est forcée de la part du Decretiste , mais elle ne procede point , *ex causa antiqua & primæva* ; *Dolive* , *liv.* 2. *chap.* 18. le rabatement est regardé comme une grace que le Parlement seul peut accorder , & non point comme une condition sous laquelle ait été faite la vente judicielle.

(*a*) S'il est dû deux Lods pour *les* Adjudications faites à la sole enchere. *Voyez Loüet* , *Lettre R. chap.* 2. *& Henrys* , *Tom. II. Liv.* 3. *Quest.* 10.

Si le nouvel Acquereur est tenu des Lods des mutations précedentes.

Je vends un fonds à Pierre, & Pierre le vend à Jean, le Seigneur Directe a sans difficulté une action personnelle contre Pierre, pour les Lods de la vente que je lui ai faite ; mais s'il ne veut point intenter cette action personnelle contre Pierre, peut il agir hypotécairement contre Jean dernier Acquereur ? peut-il contraindre Jean à lui payer & les Lods qu'il lui doit personnellement, & les Lods de la mutation précedente ? *Dumoulin sur la Coûtume de Paris, Titre des Censives*, §. 51. *Glos.* 2. *N°.* 18. décide sans hésiter pour le Seigneur contre le nouvel Acquereur, *sed quid si emptor alii vendiderit ? certum est quod ultimus emptor ultrà jura quæ personaliter debet ex persona sua tenetur hypotecariè solvere Laudimia authoris* ; & M. *Catellan* suppose, sans doute, la Maxime comme constante, lorsqu'au *liv.* 7. *chap.* 14. il agite cette Question ; sçavoir, si l'Acquereur prescrit par la pos-

session de dix années, l'action hypote-
caire du Seigneur, tant pour les arrerages de Rente du tems anterieur à son
acquisition, que pour les Lods des acquisitions anterieures à la sienne, il n'y
a qu'un cas où il pourroit y avoir de la
difficulté, c'est celui dont parle *Henrys*,
*Tom. II. liv. 3. Quest. 18. Loüet, Lettre
A. chap. 15. Catellan, liv. 1. chap. 55.*
(*a*) Sçavoir, lorsque les Lods sont de-
mandés sur les biens dépendans d'un
Benefice par le changement de Beneficier; & en ce cas-là même, quelque
favorable qu'il soit pour le nouveau Beneficier, les Auteurs que nous venons
de citer décident tous, qu'il est tenu des
mutations précedentes ainsi que des arrerages de Rente qui ont couru du tems de
ses Prédecesseurs. (*b*)

(*a*) Il y a des Coûtumes où on paye un Lods ou un
demi-Lods à chaque mutation de Beneficier.
(*b*) De la vente faire pour l'Acquereur on pour l'ami
qu'il pourra élire dans un certain tems, s'il en est dû
deux Lods; *Bardet, Tom. I.*

CHAPITRE IV.

Du Retrait censuel.

NOus avons parlé dans le Chapitre VI. de la deuxiéme Partie, du Retrait ou de la Prélation féodale ; c'est-à-dire, du Droit qu'a le Seigneur de retenir par préference le Fief vendu par le Vassal ; & nous parlons ici du Retrait censuel, (*a*) c'est-à-dire, du Droit qu'a le Seigneur Foncier de retenir ou de retraire le fonds vendu par le Censitaire ou l'Emphiteote, & de réunir ainsi la Dominité utile à la Seigneurie Directe.

Tous nos Auteurs conviennent que le Retrait féodal a lieu dans toutes les Provinces du Royaume dont les Coûtumes ne contiennent point de disposition contraire, & jusques-là que Dumoulin en parle comme d'un droit essentiel à la nature des Fiefs, *connaturalis ipsi Feudo, originaliter illi existens à prima constitutione Feudorum* ; mais ils ne conviennent

(*a*) Nous entendons par Retrait censuel, un Droit qu'a tout Seigneur Foncier & Directe.

pas également qu'il en foit de même du Retrait cenfuel ; il y a conftamment des Provinces dans le Royaume où le Retrait cenfuel n'a lieu qu'autant qu'il a été ftipulé ; mais il y en a auffi , & celles-ci en plus grand nombre, où le droit commun eft pour le Retrait cenfuel auffi - bien que pour le féodal, l'un & l'autre en effet également favorables , puifque ce n'eft après tout qu'une préférence donnée à celui des mains de qui les biens font fortis, lorfque le Cenfitaire où le Vaffal ne les veut joüir. Dans le Reffort du Parlement de Touloufe la Queftion ne reçoit plus de difficulté ; & rien ne le prouve mieux que les conteftations que l'on voit naître tous les jours, pour fçavoir fi cet Article de notre Coûtume qui exclud l'un & l'autre Retrait, a lieu non - feulement dans le Gardiage , mais encore dans la Viguerie. Des conteftations femblables, fuppofent évidament que la Coûtume en ce qu'elle exclud le Retrait féodal ou cenfuel , eft regardé comme une exception au droit commun : *Voyez Henrys , Tom. II. liv. 3. Queft. 22. Lapeyrere , Lettre R. nomb.* 118. *Larroche , chap.* 13.

Art. 1. Boiſſieu de l'Uſage des Fiefs , chap 20. & 21. & Catellan , liv. 3. chap. 9.

Nous avons dit, en parlant du Retrait féodal, (*a*) que par la Juriſprudence du Parlement de Toulouſe., il ne pouvoit être cedé à un tiers , & il en eſt de même du Retrait cenſuel , ſi ce n'eſt que la ceſſion faite par un Coſſeigneur par *indivis* en faveur de l'autre Coſſeigneur, les Arrêts rapportés par M. *Catellan , liv.* 3. *chap.* 11. ayant jugé que la ceſſion en ce cas étoit valable , & l'ayant jugé ainſi ſans doute , parce qu'un Coſſeigneur par *indivis* qui a déja de ſon chef un droit de Directe ſur chaque partie du fonds vendu , eſt plus favorable que tout autre.

Nous avons dit encore que l'action du Seigneur féodal pour retraire le Fief vendu par le Vaſſal , devoit être intentée dans l'an , à compter du jour que le nou-

(*a*) Le Retrait féodal, & le Retrait cenſuel ont cela de commun, du moins par la Juriſprudence du Parlement de Touloufe, qu'ils ne peuvent être cedés à un tiers : il n'y a d'exception à la Regle que pour les Coſſeigneurs par *indivis*, aufquels les Arrêts ont jugé que la ceſſion pouvoit être valablement faite.

veau Vaſſal avoit dénoncé ſon acquiſition au Seigneur, & lui avoit demandé
l'Inveſtiture, & qu'en défaut de dénonciation, l'action dure pendant trente années, ſans diſtinguer ſi le Seigneur a ſçû
ou ignoré la vente ; il faut dire la même
choſe du Retrait cenſuel, (*a*) en obſervant que la perception de la Rente des
mains du nouvel Acquereur n'eſt pas regardée comme choſe équipolente à une
dénonciation, les Arrêts (*b*) l'ont jugé
ainſi, & Dumoulin en donne la raiſon,
c'eſt, dit cet Auteur, que *cenſus debetur*
à quocumque poſſeſſore juſto vel injuſto,
habili vel inhabili, &c.

La perception de la Rente, diſons-
nous, ne tient point lieu de dénonciation, & n'eſt pas un obſtacle au Retrait ;
mais en eſt il de même du payement des
Lods ? Non, ſans doute : le payement
des Lods eſt regardé comme un acquieſ-
cement formel qui exclud le Seigneur de

(*a*) L'un & l'autre Retrait ont encore cela de
commun.

(*b*) *Catellan, Liv.* 2. *Chap.* 10. Que ſi le même
fonds a été vendu pluſieurs fois & à differens prix
dans le cours de trente années, le Seigneur peut retraire pour le prix de tel deſdits Contrats que bon
lui ſemble. *Larroche, Chap.* 13. *Art. IX.*

toute esperance de Retrait ; & en effet, comment un Seigneur pourroit - il recevoir des Lods sans connoître la vente & sans l'approuver? Suivant la Doctrine de Ferriere en sa nouvelle Addition sur la Question 477. de Guy - Pape, le Seigneur est exclus du Retrait, non - seulement lorsqu'il a reçu même payement, mais encore lorsque les Lords ont été payez à son Fermier ; mais je doute qu'on suivit cette décision, non-plus que celle de *M. de Catellan*, *liv.* 3. *chap.* 9. *&* 10. qui donne le même effet au payement des Lods fait au Procureur du Seigneur quoique non fondé de Procuration speciale ; j'en doute avec raison, parce qu'enfin ce n'est pas tant le payement qui fait l'obstacle au retrait que l'acquiescement justement presumé lorsque le Seigneur reçoit lui-même le payement, mais trèséquivoque lorsque le payement est fait à un Fermier ou à un Procureur qui n'a qu'une Procuration vague & generale, *Despeisses*, *Tom. III.*

On a fait quelque difficulté sur la reconnoissance acceptée par le Seigneur du nouvel Acquereur ; sçavoir, si elle exclud du Retrait, lorsqu'il n'y est fait aucune men-

tion de l'acquisition, la raison de douter,
prise de ce que le Seigneur a pû ignorer
la vente, & qu'il a pû croire que le
Possesseur possedoit depuis plus de trente
ans, ou qu'il possedoit par succession,
donation, ou autre Titre excluant le Retrait; mais cette Question ne peut plus
faire aujourd'hui matiere de contestation :
Il a été jugé plusieurs fois qu'un Seigneur
n'étoit plus recevable à retraire après
avoir accepté une Reconnoissance, & que
cette acceptation étoit comme un engagement de la part du Seigneur, comme une espece d'éviction & de garantie
du trouble qui pourroit être fait de son
chef au nouvel Acquereur, *Catellan*,
liv. 3. chap. 10. (*a*)

Nous avons dit en parlant du Retrait
féodal, que lorsqu'on achete par un seul
& même Contrat plusieurs Fiefs mouvans de divers Seigneurs, chaque Seigneur peut user du Retrait pour les Fiefs
qui sont dans sa Mouvance, sans être obligé de retraire tout ce qui est compris
dans le Contrat de vente ; & jusques-là

_____

(*a*) Que le Seigneur n'est pas obligé de retraire pour
avoir fait assigner l'acquereur en payement des Lods,
Catellan, *Tome I.*

que si le Contrat de Vente contient plusieurs Fiefs distincts & separez mouvant
d'un même Seigneur, le Seigneur sans
distinguer s'il a la mouvance à raison d'un
seul Fief dominant ou de plusieurs, peut
suivant la Doctrine de Dumoulin retenir
l'un des Fiefs seulement, & accorder l'investiture pour les autres. (a) En est-il de
même du Retrait censuel ? Un Particulier, par exemple, achete par un seul &
même Contrat plusieurs piéces de terre,
distinctes & separées, relevant de la Directe d'un ou de plusieurs Seigneurs ; le
Seigneur qui voudra retraire sera-t'il obligé de prendre indistinctement toutes les
piéces de terre comprises dans la Vente, & non - seulement celles qui sont
mouvantes de sa Directe, mais celles-là
qui relevent d'autres Seigneurs ? Cette
Question est difficile par les sentimens
differens des Auteurs qui l'ont traitée, &
plus difficile encore par les Arrêts con-

(a) Jugé le   1720. au rapport de M. de
Resseguier, après partage porté de la Seconde à la
Troisiéme Chambre des Enquêtes, que le Seigneur
pouvoit former la demande en retrait après avoir assi-
gné l'Acquereur en payement des Lods ; & avec cette
circonstance même que le Seigneur dans le Procès pour
les Lods, avoit lui-même communiqué le Contrat de
Vente.

traires qui ont été rendus. *M. Catellan,*
au liv. 3. ch. 14. attefte que la Jurifprudence du Parlement de Touloufe eft enfin fixée à ce point., que le Seigneur n'eft
obligé de tetraire que les piéces qui font
mouvantes de fa Directe ; & cependant
il rapporte un Arrêt qui jugea précifé-
ment tout le contraire ; car un Seigneur
directe ayant voulu ufer du Retrait fur
certaines piéces de terre comprifes dans
un Decret, celles-là feulement qui étoient
de fa mouvance en rembourfant la valeur
au Decretifte, par rapport à l'entier prix de
la furdite, il fut ordonné que le Seigneur
retrairoit tout ce qui étoit compris dans le
Decret, le Decretifte n'étant point obligé de cizailler ou de divifer ce qui lui
avoit été vendu & adjugé en bloc & à un
feul prix ; je crois qu'il eft plus fûr de
s'en tenir à la décifion de l'Arrêt que de
l'Auteur qui le rapporte ; & il faut convenir, en effet, que quelque favorable que
foit le Retrait, l'Acquereur l'eft encore
d'avantage, lorfqu'il ne demande autre
chofe, finon, ou qu'on annulle fon
Contrat pour le tout, ou qu'on le faffe
fubfifter en fon entier. Si on examine
bien la Doctrine de Dumoulin touchant

le Retrait féodal, on trouvera qu'elle ne
conclut rien pour le Retrait cenfuel. (*a*)

Quand nous difons que le Seigneur
Directe eft obligé de retraire tout ce qui
eft compris dans la vente, nous fuppo-
fons que la vente a été faite confufement
& à un feul prix ; car fi chaque piéce de
terre, par exemple, a un prix feparé, on
peut dire avec le Jurifconfulte, en la Loi
35. *ff. de ædilitio edicto*, qu'il y a autant
de ventes que des prix differens, & que
l'Acquereur par conféquent ne peut pas
fe plaindre de la divifion, *quafi non aliter
empturus*. Les termes de la Loi font re-
marquables : *Cùm plures res fimul veneunt
referre ait an in univerfas vel in fingulas
pretium conftitutum fit ut fcilicet interdum
una, interdum plures venditiones contractæ
intelligantur, fed etfi in fingula capita pretium conftitutum fit, tamen una emptio eft,
fcilicèt cum manifeftum erit non nifi omnes
quem empturum fuiffe, &c.*

(*a*) Divifion de deux ou plufieurs Fiefs moins incommode pour l'Acheteur ; Retrait de deux ou plufieurs Fiefs
plus difficile ou plus onereux pour le Seigneur féodal.
Loüet & Brodeau, Lettre R. ch. 25. & 26. Ferriere, fur
la Queftion 411. de Guy-Pape ; Laroche & Graveral, ch.
13. Art. 6. & 19. Catellan, liv. 3. ch. 14. Maynard, liv.
8. ch. 19. Boiffieu, ch. 25. & 26.

Si un Acquereur ne peut être contraint à divifer fon Contrat de vente, lorfque tout a été acheté, comme il a été dit, en blot & à un feul prix, il femble que par la même raifon, & dans le même cas le Seigneur peut retraire malgré l'Acquereur tous les fonds vendus, mouvant ou non de fa Directe, lorfque les autres Seigneurs n'en reclament pas; car enfin, comme dit fort naturellement *Francifcus à Ripa*, cet *Auteur cité par Boiffieu*, pag. 120. fur la Loi 2. ff. *de Fluminibus*, *fi licèt emptori dicere nolo quod retineas partem quia non fuiffem empturus eam nifi totum emiffem, eadem ratione poterit Dominus dicere, & ego non effem retenturas partem, nifi totum retinerent, non enim claudicare debet contractus, nec debet uni licere quod alteri etiam non liceat*; cependant on ne le juge pas ainfi, on donne à l'Acquereur une option qu'on refufe au Seigneur retrayant; le Seigneur, encore une fois, peut être contraint de renoncer à fon droit, s'il ne veut retraire tout ce qui a été vendu; mais l'Acquereur ne peut être forcé à délaiffer au Seigneur retrayant des fonds qui ne font pas mouvans de fa Directe.

Nous avons dit enfin, en parlant du Retrait Féodal, que le Roi ni l'Eglise n'en pouvoient point ufer ; & quoique la Maxime foit fondée, comme nous l'avons obfervé, fur des raifons qui femblent particulieres aux Fiefs, il eft pourtant vrai qu'elle a lieu pour toute forte d'acquifitions indiftinctement.

Le Retrait a-t-il lieu lorfque la vente a été faite à faculté de rachat ? le Seigneur évincé du fonds qu'il a pris a-t-il fa garantie contre le Vendeur & l'Acheteur, & contre les Cautions de l'un & de l'autre ? Le Seigneur retrayant eft-il tenu de rembourfer au Decretifte les fommes à lui dûës au delà du prix du Decret ? Ce même Seigneur doit-il quelque indemnité à fon Fermier, fruftré par le Retrait du payement des Lods, ou du Quint & Requint ? Lorfque la proprieté du Fief dominant, ou de la Seigneurie directe eft feparée de l'ufufruit, le droit de retraire appartient-il au Proprietaire ou à l'Ufufruitier ? Comment en doit-il être ufé par le Seigneur lorfque le prix de la vente n'a pas été payé au Vendeur, ou qu'il ne l'a été qu'en partie ? Toutes ces Queftions fe préfentent tous les jours, & font communes à l'un & à l'autre Retrait féodal ou censuel : en voici la décifion en peu de paroles.

Si le Retrait a lieu dans les Ventes à faculté de rachat.

Quoiqu'une Vente faite fous faculté de rachat ne transfere pas à l'Achetur la proprieté incommutable de la chofe venduë, elle ne laiffe pas néanmoins d'être parfaite ; les Lods en font dûs, comme nous verrons dans le Chapitre fuivant, & le Retrait par conféquent doit y avoir lieu ; M. Dolive, liv. 2. chap. 28. rapporte un Arrêt qui le jugea ainfi en faveur du fieur Laurenci contre le fieur de Laporte, acquereur d'un Fief mouvant de la Baronie de Montbrun. Cet Arrêt maintint le fieur de Laurenci ; mais il ajoûta, pour ne pas rendre inutile au Vendeur le pacte de rachat, que c'étoit à la charge & fous la condition de paffer un Contrat de Vente toutes les fois qu'il en feroit requis.

Si le Seigneur évincé a sa garantie contre l'Acheteur & le Vendeur, & contre leurs Cautions.

Le Retrait rompt & diffout la Vente, ou pour mieux dire, il transfere & transporte la Vente fur la tête du Seigneur Retrayant. Par le Retrait, le Seigneur entre au lieu & place de l'Acquereur ; & par là on comprend d'abord que le Seigneur évincé ne peut avoir aucune action de garantie contre l'Acquereur & fa Caution, puifqu'ils étoient obligez feulement pour le payement du prix envers le Vendeur, & que par le Retrait ils fe trouvent déchargez l'un & l'autre de l'obligation par eux contractée. Par cette même raifon que le Seigneur entre par le Retrait en la place de l'Acquereur, il femble qu'en cas d'éviction, il doit avoir fa garantie, & contre le Vendeur & contre fa Caution ; cependant les Arrêts ne l'ont pas jugé ainfi ; *Catellan*, *liv.* 3. *chap.* 13. ils ont permis au Seigneur évincé d'agir pour la garantie contre le Vendeur, mais non point contre la Caution du Vendeur.

Q

Si le Seigneur est tenu de rembourser au Decretiste les sommes à lui dûës au-delà du prix du Decret.

Par la disposition du Droit au Titre du Code *Etiam ob Chirographariam pecuniam pignus retineri posse*, un Débiteur qui veut recouvrer la chose engagée ou decretée, est tenu de payer generalement tout ce qui est dû au Créancier & au Decretiste ; mais il n'en est pas de même du Seigneur retrayant, le Seigneur par le Retrait entre en la place, non du Débiteur executé, mais du Decretiste, ainsi que de tout autre Acquereur, & n'est tenu par conséquent de rembourser que le prix pour lequel le Decret a été adjugé. Au mois de Février 1699. il fût rendu veritablement un Arrêt en la Premiere Chambre des Enquêtes, qui condamna un Seigneur qui vouloit retraire à payer au Decretiste tout ce qui lui étoit dû par le Discuté ; *Catellan*, *liv*. 3. *chap.* 14. *rapporte cet Arrêt* ; mais il y avoit cette circonstance particuliere que le Decretiste en surdisant avoit ajoûté, qu'il faisoit la surdite sans préjudice

des autres sommes à lui dûës ; & il est
si vrai que cette circonstance détermina
les Juges , que le même Arrêt donna
l'option au Seigneur , ou de retraire en
payant toutes les sommes dûës par le
Discuté au Decretiste, ou de recevoir les
Lods , non-seulement sur le pied du prix ,
mais encore de toutes les sommes dûës :
par où on jugea que toutes les sommes
dûës au Decretiste étoient en effet le veritable prix du Decret.

De l'indemnité dûë par le Seigneur retrayant à son Fermier.

Cette Question , si le Seigneur retrayant doit une indemnité à son Fermier,
dépend de ce que nous avons dit , que le
Retrait dissoud ou transporte la Vente sur
la tête du Seigneur : ce transport ne peut
être fait au préjudice d'un tiers , & par
conséquent le Fermier est en droit d'exiger du Seigneur les mêmes Lods qui lui
auroient été dûs par l'Acquereur. Bien
plus, suivant l'opinion de nos meilleurs
Auteurs, & malgré l'Arrêt contraire rapporté par *M. Cambolas, liv. 3. chap. 5.*
les Lods sont dûs au Fermier de toute ac-

quifition indiftinctement faite par le Seigneur durant le cours de la Ferme ; *Boiffieu*, *chap. 82. Catellan*, *Tom. I.*

Si le droit de retraire appartient au Pro-
prietaire ou à l'Ufufruitier.

Les Coûtumes n'ayant introduit le Retrait que pour réünir ou pour favoriſer
la réünion du Fief fervant au Fief dominant, & la dominité utile à la Seigneurie directe, il eſt fans difficulté que le
droit de retraire appartient au Proprietaire, à l'exclufion de l'Ufufruitier : l'Ufufruitier ne le peut, fuivant la Doctrine
de Dumoulin, que comme fondé ou préfumé fondé de procuration du Seigneur :
il ne le peut qu'autant que le Seigneur
y confent ; & l'ufufruit fini, il eſt obligé de faire un délaiffement au Seigneur
de tout ce qu'il a acquis par cette voye.
Voyez Ferriere fur la Queſtion 477. de Guy-
Pape.

De quelle maniere doit en uſer le Re-
trayant lorſque le prix n'a pas été
payé, ou qu'il ne l'a été qu'en par-
tie.

J'achete un fonds pour le prix de dix
mille livres, je paye 5000. liv. en paſſant
le Contrat, & il eſt dit que je payerai le
ſurplus dans dix ans, par exemple, avec
l'interêt au denier vingt, pour raiſon de
quoi le fonds vendu, enſemble tous mes
autres biens demeurent affeétez & hypo-
tequez. Le Seigneur retrayant ſera-t-il
obligé, non-ſeulement de me rendre les
5000. liv. que j'ai réellement payé, mais
de me décharger encore de l'obligation
que j'ai contraétée, ce qu'il ſemble ne
pouvoir faire qu'en payant les 5000. liv.
qui ſont encore dûës au Vendeur. Les
ſentimens des Auteurs ſont aſſez partagez ſur cette Queſtion ; les uns croyent
que le Seigneur doit donner des Cautions
autant pour l'interêt du Vendeur que de
l'Acheteur ; les autres ſont d'avis que le
Seigneur eſt tenu de payer ou de conſi-
gner l'entiere ſomme : mais enfin l'opi-

Q iij

nion commune, & à laquelle les Arrêts se sont conformez, c'est que le Retrayant entrant, comme nous l'avons dit plusieurs fois, en la place de l'Acheteur, il doit joüir des conditions & des termes du payement comme faisant partie du prix, & qu'il n'est tenu par conséquent de rembourser que ce qui a été payé, en prenant sur lui l'obligation que l'Acheteur a contractée pour le surplus envers le Vendeur. Il est sans doute de la prudence de l'Acquereur d'appeller le Vendeur à de semblables contestations ; mais quand il ne l'appelleroit pas, il n'en seroit pas moins valablement déchargé. *Voyez Maynard, liv. 7. chap. 31. Catellan, liv. 3. chap. 11. Boissieu, Traité de l'usage des Fiefs, chap. 90.* (a)

(a) *Quid.* Si le Retrayant est insolvable ou de difficile convention, en ce cas on peut l'obliger à donner Caution ; *Catellan, loco citato.*

CHAPITRE V.

Du Champart ou Agrier.

CHampart, Tafque ou Agrier, eft une portion des fruits que le Seigneur fe referve quelquefois *in traditione fundi* pour tenir lieu de Cens & de Rente , & quelque fois même outre & par-deffus le Cens ou la Rente. Cette portion eft communement le quart , & le Seigneur l'exige , ou en prenant chaque année la quatriéme partie des fruits , ou en joüiffant pendant une année de l'entier fonds , & laiffant joüir pendant trois années le Tenancier fans aucune charge , tout cela dépend des Titres ou de la Convention.

On comprend aifement que le Champart produit plus ou moins au Seigneur fuivant que la recolte eft plus ou moins abondante ; mais il eft remarquable qu'il ne dépend pas du Tenancier de fruftrer le Seigneur par défaut de culture ; *Laroche , des Droits Seigneuriaux , chap.* 5. *Art.* 1. rapporte divers Arrêts qui ont

Q iv

condamné les Poffeffeurs du fonds fujets
au Champart, & qui avoient negligé de
les cultiver, à payer au Seigneur la portion des fruits qu'il auroit recuëilli fi les
fonds avoient été cultivez, le tout *Ar-*
bitrio boni viri, & fuivant l'eftimation
faite par des Experts.

Nous avons dit dans le Chapitre précedent, que les arrerages du Cens ou de
la Rente pouvoient être demandez depuis
vingt-neuf ans avant l'introduction de
l'Inftance ; il n'en eft pas de même des
arrerages du Champart ou Agrier, les
Arrêts rapportez par *M. Dolive, liv.*
2. *chap,* 25. & par *Graverol fur Laroche*
en l'endroit cité, ont jugé qu'ils n'étoient
dûs que depuis cinq années utiles avant
l'Inftance. (a)

Le Champart eft toûjours querable fur
le Champ ; mais le Poffeffeur du fonds
fujet à ce Droit ne peut retirer les fruits
fans en avoir plûtôt averti le Seigneur,
Qui tient, *dit M. Loyfel en fes Infti-*
tions Coûtumieres, liv. 4. *Tit.* 2. *Art.* 15.
,, Qui tient Terres fujettes à Champart,
,, n'en peut lever la Des-Blée fans ap-

(a) *Quid* des arrerages de la Dîme. *Voyez Graverol &*
Dolive en la nouvelle Addition.

„ peller le Seigneur , à peine d'amen-
„ de , &c.

On ne doute point que la Dîme Ecclésiastique ne doive être levée avant le
Champart , parce que Dieu est sans difficulté le premier Seigneur , le Seigneur
Universel ; & que suivant l'expression du
Pape *Innocent III. dans le chap. Cum non
si extrà de Decimis* , la Dîme des fruits est
la portion , *quam insignum universalis
dominii quasi quodam titulo speciali Dominus reservavit* ; mais on a douté s'il en
devoit être de même à l'égard de la Dîme
inféodée. La Question s'étant présentée
au Parlement de Paris , par Arrêt rapporté au premier Tome *du Journal des Audiences , liv.* I. *chap.* 43. il fut jugé qu'on
ne devoit à cet égard faire aucune difference de la Dîme Ecclésiastique d'avec la
Dîme inféodée , M. l'Avocat Général
Talon ayant ainsi conclu par cette raison
entr'autres , que la Dîme inféodée pouvant par sa réünion à l'Eglise reprendre sa
premiere nature de Dîme Ecclésiastique ,
elle en devoit cependant conserver les
privileges & les prérogatives.

CHAPITRE VI.

Des Captes & Arriere-Captes.

LE mot d'Acaptes & Arriere-Captes n'eſt guere connu que dans le Languedoc & la Guyenne, quoique le Droit qu'il ſignifie ait lieu dans toutes les Provinces du Royaume.

On entend par Acaptes le droit qui eſt dû par la mort du Seigneur, & par Arriere-Captes, celui qui eſt dû par la mort du Tenancier. (a) Ce droit eſt pour le Seigneur directe ce qu'eſt pour le Seigneur féodal le Relief ou Rachat dont nous avons parlé dans le Chapitre cinquiéme de la ſeconde Partie, avec ces deux differences pourtant; la premiere, que le relief n'eſt dû que par la mort du Vaſſal, au lieu que le droit dont nous parlons eſt dû par la mort, tant du Seigneur directe que du Tenancier; & la

(a) M. Dolive l'entend ainſi, & d'autres tout au contraire, entendant par Acaptes le droit dû par la mort du Tenancier, & par Arriere-Captes le droit dû par la mort du Seigneur ; *Laroche*, *chap* 12. *Art*. 1. *Maynard*, *liv*. 4. *chap*. 45.

deuxiéme, que le Relief ou Rachat n'eſt dû que lorſque le Fief change de main en ligne collaterale ; au lieu que les Acaptes & Arriere-Captes ſont dûs par les mutations qui arrivent dans les ſucceſſions en ligne directe. (*a*) On peut y en ajoûter encore une troiſiéme , c'eſt que la plûpart des Coûtumes ont fixé le droit de Relief ou Rachat au revenu d'une année , en compoſant des trois années qui ont précedé la mutation du Fief une année commune ; au lieu que les Arrêts ont fixé le droit d'Acaptes & Arriere-Captes au doublement de la rente , y compris le Cens ordinaire. (*b*)

On ne regarde point les Acaptes & Arriere-Captes comme un droit qui ſoit dû par la propre nature de l'Acte , & qui ſoit de l'eſſence du Bail à Cens : il n'eſt dû qu'autant qu'il a été ſtipulé , ou expreſſement reſervé ; en défaut de ſtipulation ou de reſervation expreſſe, le Seigneur ne peut

(*a*) Dans la plûpart des Coûtumes il eſt dû un demi-Lods des mutations qui ſe font par mort ; *Henrys* , *Tome II.*

(*b*) Failli , ſi le Titre porte avec les Acaptes accoûtumez , il faut en ce cas chercher l'uſage particulier du Fief; *ſi non apparet* , il faut ſuivre l'uſage des Fiefs circonvoiſins de proche en proche.

rien exiger du nouveau Tenancier, & le
Tenancier ne doit rien à son nouveau Seineur ; *Dolive*, *liv. 2. chap. 30.*

Les Acaptes, difons-nous, & Arriere-Captes, ne font point dûs fans ftipulation ; mais fi l'un ou l'autre de ces droits
a été ftipulé, tous les deux feront-ils dûs ?
Ou le Seigneur ne pourra-t-il exiger que
celui dont il aura été parlé nommement
dans le Bail ? Il n'eft parlé, par exemple, dans le Bail que des Acaptes ; c'eft-
à-dire, du droit dû par la mort du Seigneur : le Seigneur pourra-t-il exiger les
Arriere-Captes ; c'eft-à-dire, le droit dû
par la mort du Tenancier ? Les Arrêts
rapportez par *M. Dolive*, ont jugé cette
Queftion en faveur des Tenanciers, mais
les Arrêts pofterieurs l'ont jugé en faveur
du Seigneur ; *M. de Catellan*, *liv. 3. ch. 8.*
en rapporte deux, rendus l'un en faveur
du Comte de Cabreres, & l'autre en faveur du fieur de Saint Chamaran, deux
Arrêts qui jugerent que l'un des droits,
ftipulé dans le Bail, comprenoit impli-
citement l'autre, ou pour mieux dire,
que les Acaptes & Arriere-Captes
n'étoient en effet qu'un feul & même
droit defigné par des expreffions fyno-

nimes, & dont l'une n'ajoûte rien à l'autre. (*a*)

Les Acaptes font dûs, comme nous avons dit, lors feulement qu'il y a mutation par mort. *Benedicti* excepte le cas où par les anciens Titres les Acaptes font dûs, *in qualibet mutatione Domini*, *in verbo mortuo itaque*, *Nomb.* 61. & on ne fuit point la décifion de *M. Laroche*, fuivant laquelle ce droit a lieu à toute mutation de Seigneur indiftinctement ; *M. Catellan* à l'endroit déja cité, rapporte encore deux Arrêts rendus fur cette matiere : il fut jugé par le premier, qu'un Seigneur ayant vendu fon Fief, l'Acquereur ne pouvoit rien exiger des Tenanciers à raifon de cette mutation ; & par le fecond, qu'il n'étoit pareillement dû aucuns droits de la mutation arrivée par la conftitution dotale faite par le pere à fa fille. (*b*)

Du refte, s'il arrive que dans le cours d'une même année il y ait plufieurs muta-

(*a*) Arrêt à la Troifiéme Chambre des Enquêtes en 1706. au Rapport de M. de Pegueyroles, qui rétablit la Jurifprudence de *M. Dolive.*

(*b*) Un pere donne à fon fils partie de fes biens, *retento ufufructu*; par la mort du pere donateur, les Anciere-Captes font dûs fuivant l'opinion commune.

tions par mort, l'ufage attefté par *M.*
Maynard, *liv.* 4. *chap.* 45. eft tel que le
Seigneur ne peut exiger ce droit qu'une
feule fois. (*a*)

CHAPITRE VII.

DU DROIT DE COMMIS.

NOus avons dit dans le Chapitre
IV. de la Commife de la feconde
Partie, que le Vaffal commettoit fon Fief
en deux cas ; fçavoir, lorfqu'il foûtenoit
qu'il ne relevoit point de fon Seigneur,
& par la félonie lorfqu'il fe portoit à quelque excès contre fon Seigneur. En eft-il
de même du Cenfitaire lorfqu'il offenfe le
Seigneur directe, ou qu'il défavouë & refufe de le reconnoître ?

Je fuis perfuadé que le défaveu feul ne
donneroit point lieu au Commis ; & en
effet, nous voyons tous les jours des Poffeffeurs plaider & contefter impunement
avec le Seigneur ; mais je fuis perfuadé

(*a*) *M. Dolive* femble ne pas exclurre un double droit
lorfque le Seigneur & le Tenaucier meurent en la même
année ; mais *M. Maynard* l'exclut nommément.

auſſi qu'on déclareroit cette peine, ſi peu
que le déſaveu fût accompagné de circonſtances qui fiſſent préſumer dol ou
fraude de la part des Tenanciers. Il y a
lieu de Commis, dit *M. Laroche*, *des
Droits Seigneuriaux*, *chap.* 19. *Art.* 3. "en
,, cas de dol ou fraude pratiquée par le
,, Tenancier, comme ſi pour fruſtrer le
,, Seigneur des Lods, il avoit fait mettre
,, moindre prix qu'il n'en paye, & ayant
,, fait promeſſe privée à part ; s'il avoit
,, voulu dérober ou fait perdre les Titres
,, & Reconnoiſſances, ou icelles alterer
,, ou falſifier, ſi en l'acquiſition il avoit
,, fait mettre par dol les biens être de la
,, Directe d'un autre Seigneur ; ſi par dol
,, auſſi il avoit fait mettre dans l'Inſtru-
,, ment d'achat la piéce venduë faire beau-
,, coup moindre Cenſive qu'elle ne fait ;
,, ſi étant condamné à reconnoître à pei-
,, ne de Commis, il refuſe ce faire, après
,, dûës intimations & comminations ; s'il
,, eſt convaincu d'avoir ſollicité, induit,
,, ſéduit, incité, & fait ſindiquer les au-
,, tres Tenanciers à ne payer point, ains
,, à plaider, y étant après condamnez, &
,, autres cas ſemblables ; " & cet Auteur
ajoûte, que la choſe fut ainſi jugée par un

Arrêt rendu le 5. Mai 1549. en faveur du Seigneur de Seiſſes, auquel fûrent adjugées deux piéces de terre par droit de Commis, attendu, diſoit l'Arrêt, la fraude, reſultant des Actes du Procès.

A l'égard de la félonie, il n'y a point de difficulté que comme elle fait perdre le Fief au Vaſſal, elle ne faſſe perdre de même le fonds au Cenſitaire ; mais il n'y a pas de difficulté auſſi que la choſe ne ſoit reciproque. Je veux dire que le Seigneur, par l'inſulte faite au Cenſitaire, ne ſoit expoſé de même à perdre les Droits Seigneuriaux. Le Sieur de Carriere de cette Ville poſſede depuis long-tems au lieu de Blaniac un Domaine conſiderable affranchi de tous Droits ; & il doit cet affranchiſſement à un ſoufflet reçu par un de ſes Prédeceſſeurs, du Seigneur du Lieu.

Il y a de Provinces où le Commis a lieu par le ceſſation du payement de la Rente pendant trois ans, & de deux, ſi la Directe appartient à l'Egliſe ; mais il n'en eſt pas ainſi au Parlement de Touloufe, où on juge que quelque longue que ſoit la diſcontinuation du payement, & quelque ſtipulation même qu'il puiſſe

y

y avoir à cet égard dans les Actes paſſez entre les Tenanciers & le Seigneur, celui-ci ne peut agir pour le payement de ſes droits que par les voyes ordinaires de la Saiſie & du Decret ; *Catellan*, *liv. 3. chap. 7. & Ferriere ſur la Queſtion* **123.** *de Guy-Pape.*

CHAPITRE VIII.

DU DEGUERPISSEMENT.

LOrſque le Poſſeſſeur d'un fonds trouve trop onereuſe la rente ou les autres Charges auſquelles il eſt aſſujetti par le Bail, il lui reſte une reſſource, c'eſt celle de déguerpir ; c'eſt-à-dire, de faire au Seigneur un délaiſſement du fonds. *Déguerpiſſement*, s'il en faut croire *Loyſeau*, vient du mot allemand *VVerp* ou *VVerpir*, & par corruption, *Guerpir*, qui ſignifie *Enſaiſiner*, ou mettre en poſſeſſion ; & dans ce ſens *Déguerpir*, par l'effet de la Particule *De*, ſignifie le contraire *de Guerpir*.

Par la Juriſprudence du Parlement de

R

Touloufe, le Poffeffeur d'un fonds ne
peut déguerpir fans payer tous les arrerages de la rente, & autres Droits Seigneuriaux, fauf fon recours contre fes
Auteurs; *Laroche des Droits Seigneuriaux,
Tit.* 15. *Art.* 11. *& Loifeau dans fon Traité du Déguerpiffement, liv.* 5. *ch.* 9. *nomb.*
5. décide que tel eft auffi le droit commun, qu'il ne faut point faire queuë d'arrerages; car autrement, dit cet Auteur,
il arriveroit cet inconvenient " que celui
„ qui devroit plufieurs années d'arrera-
„ ges, vendant l'heritage à un autre,
„ qui incontinent déguerpiroit, l'exemp-
„ teroit, par une façon indigne, de payer
„ les arrerages, comme il feroit tenu
„ s'il déguerpiffoit lui-même; & ce feroit
„ alors au Seigneur de la rente de courir
„ après fon homme pour les arrerages,
„ &c. *Henrys, Tom. II.*

Mais il en eft autrement par la Coûtume de Paris, dont les Articles 102. &
103. contiennent fur cette matiere des
difpofitions affez fingulieres. Il eft dit
dans le premier " lorfqu'un Tiers déten-
„ teur d'heritage eft pourfuivi pour rai-
„ fon d'une rente dont eft chargé ledit

„ heritage qui lui a été vendu fur la char-
„ ge de ladite rente , & dont il n'avoit
„ aucune connoiffance auparavant ladite
„ pourfuite , ledit Tiers détenteur , ainfi
„ pourfuivi auparavant conteftation en
„ caufe , pour renoncer audit heritage ; &
„ en ce faifant , il n'eft ténu de ladite
„ rente & arrerages d'icelle , fuppofé
„ même que les arrerages fuffent &
„ foient échûs de fon tems , & paravant
„ ladite renonciation , &c.

Et dans l'Article fuivant, il eft ajoûté ,
„ qu'après conteftation , tel détenteur
„ peut renoncer à l'heritage en payant les
„ arrerages de fon tems jufqu'à concur-
„ rence des fruits par lui perçûs , fi mieux
„ il n'aime rendre lefdit fruits , &c.

On voit par la difpofition de ces Articles, qu'un tiers Poffeffeur qui a joüi fans
avoir connoiffance de la rente à laquelle le fonds étoit affujetti , pour déguerpir
avant la conteftation en caufe fans être
tenu d'aucuns arrerages, même du tems
de fa joüiffance ; & qu'en déguerpiffant
après la conteftation en caufe , il n'eft
tenu qu'à concurrence des fruits par lui
perçûs : ce qui fuppofe évidamment que

jamais, & en aucun cas, il ne peut être tenu des arrerages dûs avant son acquisition. Mais encore une fois, il n'en est pas ainsi au Parlement de Toulouse, où sans distinguer si le déguerpissement est fait avant ou après la contestation en cause, si la rente a été connuë ou non, & si les Droits sont dûs du tems de celui qui déguerpit, ou du tems anterieur à son acquisition ; le Seigneur ne peut être forcé d'accepter le déguerpissement qu'il ne soit payé de tous les arrerages qui lui sont dûs. *Loiseau* en l'endroit qui vient d'être cité, observe que la Coûtume de Paris, en ce qu'elle décharge celui qui déguerpit avant la contestation en cause de tous arrerages, même du tems de sa joüissance, est fondée sur ce que tout Possesseur de bonne foi fait incontestablement les fruits siens, *L. Bonæ fidei, ff. de Acquirend. rerum domin.* & que le Possesseur qui déguerpit d'abord après avoir eu communication des Titres du Seigneur est présumé avoir toûjours été dans la bonne foi, & n'avoir eu aucune connoissance de la rente dans le tems de son acquisition. Et il observe encore que la même Coûtume, en ce qu'elle affujettit celui qui ne déguerpit qu'après la contef-tation en caufe au payement des arrera-ges de l'entier tems de fa joüiffance, dumoins à concurrence des fruits perçûs, eft fondée fur ce que le Poffeffeur qui s'engage témerairement à contefter un Droit qu'il a connu bien établi, eft préfumé avoir été de mauvaife foi dès le jour même de fon acquifition. Il y a des Provinces où celui qui fait le dé-guerpiffement eft tenu des arrerages pour le tems qu'il a joüi, & non au-delà; & de ce nombre eft le Dauphiné, ainfi qu'il eft attefté par *M. Boiffieu*, *Traité de l'ufage des Fiefs*, *chap.* 76.

M. Laroche, *Traité de Droits Seigneu-riaux*, *ch.* 15. *Art. premier*, décide que celui-là même à qui le Bail a été fait ne peut point déguerpir, non-plus que fes Heritiers ou Succeffeurs, *ex caufa lucra-tiva*; mais cette décifion eft fi peu fuivie dans l'ufage, qu'on a revoqué en dou-te fi le Cenfitaire ne pouvoit point dé-guerpir dans le cas même, où par le Bail il avoit expreffement renoncé à cette fàculté. Cette derniere Queftion par les

Arrêts que rapporte *M. Catellan, liv.*
3. chap. 32. M. Dolive, liv. 2. chap.
26. a été jugée contre le Cenfitaire ;
mais il en refulte toûjours que le Droit
commun eft pour lui, c'eft-à-dire, que
de droit commun tout Cenfitaire peut
déguerpir malgré l'obligation perfonnelle par lui contractée lors du Bail à Cens
de ne pas déguerpir.

Nous avons dit que le Cenfitaire n'étoit
pas reçû à déguerpir, qu'il ne payât
préalablement tous les arrerages de rente ;
mais fi le Cenfitaire a fait dans le fonds
qu'il déguerpit des réparations neceffaires
ou utiles qui l'ayent confervé ou rendu meilleur, fera-t'il fondé à demander
la repetition ou compenfation ? Les Arrêts ont jugé que non, & ils l'ont jugé
ainfi dans le cas même où il étoit ftipulé par le Bail, que le Cenfitaire ne
pourroit être dépoffedé qu'il ne fût au
préalable rembourfé de toutes fes reparations. La liberté qu'a le Cenfitaire de
garder à fon choix ou de déguerpir la
chofe telle qu'elle eft confervée ou repà-
rée, lui ôte tout prétexte de fe plaindre
du Seigneur qui refufe le rembourfement

des réparations ; & pour ce qui eſt de la Clauſe dont nous avons parlé , de cette Clauſe par laquelle le Cenſitaire ne peut être depoſſedé qu'à la charge du rembourſement des reparations , il eſt évident qu'elle ne peut trouver d'applica-tion au déguerpiſſement , qui eſt une dé-poſſeſſion purement volontaire ; *Catellan*, *liv.* 3. *chap.* 23.

Lorſque les biens reviennent au Sei-gneur par Droit de Confiſcation , Deshe-rence , Prélation , &c. ils demeurent roturiers & ſujets au payement de la Taille ; mais il en eſt autrement lorſqu'ils ſont réünis au Fief par droit de Déguer-piſſement , la Declaration du 9. Octobre 1684. Art. 14 , 15. 25. & ſuivans , re-met en ce dernier cas les biens tels & en l'état qu'ils étoient avant le Bail à Cens , pourveu toutefois que le Seigneur obſerve certaines formalitez , & celles-ci entre-autres ; que dès le déguerpiſſement con-nu & ſignifié , il faſſe appeller les Con-ſuls du Lieu en la Cour des Aydes, pour voir ordonner que Proclamations ſeront faites pour ſçavoir ſi perſonne ne voudroit prendre les biens déguerpis en payant les

R iv

Tailles & Droits Seigneuriaux, & que
les Proclamations faites à sa diligence
pendant trois Dimanches de quinzaine
en quinzaine, tant aux Prônes des Paroisses où les biens sont situez, qu'à ceux
des trois Paroisses des Villes & Lieux les
plus voisins, il fasse encore assigner les
Consuls pour voir ordonner que les biens
seront réünis noblement à son Fief. Si
durant le cours des Proclamations, &
jusqu'à ce qu'il ait été rendu un Jugement diffinitif, il se présente quelqu'un
pour prendre les biens déguerpis, le Seigneur est obligé de lui passer le Bail ; &
si plusieurs Personnes se présentent, le
Seigneur a le choix, & peut préferer
celle que bon lui semble, Art. 28. & 29.
Il est dit par la même Declaration, que
les Possesseurs ne pourront être reçûs à
déguerpir qu'en abandonnant tous les
biens roturiers qu'ils ont dans le même
Terroir & Taillable ; mais elle n'exige
d'eux qu'un Acte public signifié, tant
aux Seigneurs ; qu'aux Consuls, quoique par la disposition de la plûpart des
Coûtumes, tout Déguerpissement doive être fait en Justice ; & comme il est

dit en la Loi *Rura*, *Cod. de omni agro deferto publicatis apud acta defideriis*, le recours à la Juftice n'eft neceffaire qu'en cas de refus fait par le Seigneur, ou par les Confuls, d'accepter le Déguerpiffement.

Les biens reviennent nobles entre les mains du Seigneur par le Déguerpiffement ; mais reviennent - ils auffi quittes des charges & des dettes ? Cette Queftion devroit à la rigueur êtrĕ jugée contre les Créanciers qui ont contracté avec le Cenfitaire dans l'intervale du Bail au déguerpiffement ; mais le temperamment propfé par *M. Catellan*, *liv.* 3. *chap.* 35. paroît bien raifonable ; c'eft celui de permettre aux Créanciers de prendre le fonds déguerpi en fe foûmettant à la Rente & aux autres Droits Seigneuriaux. *Dolive*, *liv.* 2. *chap.* 15.

Lorfque plufieurs Cenfitaires, poffedent un fonds par *indivis*, celui d'entre eux qui veut déguerpir n'eft pas recevable à le faire entre les mains du Seigneur, parce que le Seigneur ne peut être contraint à divifer fa rente ; ce qu'il feroit fans doute par l'acceptation du déguerpiffement de partie du fonds

sujet à l'Indivis, *Dolive*, *liv. 2. chap.*
26. mais il faut suivant la Doctrine de
Loiseau, que le Tenancier qui veut déguerpir le fasse entre les mains de ses
Consorts, & qu'il en notifie l'Acte au
Seigneur, après quoi le Seigneur ne
pourra plus agir contre lui, mais seulement contre les autres Tenanciers, qui
seront tenus solidairement à raison de la
portion déguerpie, ainsi que pour le reste du Fief.

CHAPITRE IX.

Du Droit de Péage.

QUoique la plûpart des Seigneurs
jouïssent du Droit de Péage dans
l'étenduë de leurs Jurisdictions, ce n'est
pourtant pas, à proprement parler, un
Droit Seigneurial, & qu'il dépende des
Seigneurs d'établir dans le Bail à Fief
ou à Cens ; c'est plûtôt un Droit Royal
& qui ne peut être établi que par la
concession du Prince, *si quid*, dit la Loi
derniere, *Cod. de exactione tributorum,*
si quid vectigalis nomine exactum sit quod

à principè conftitutum non fit, non folum non debetur fed exactum reftituitur. Péage , fuivant la conjecture de quelques Auteurs , eft ainfi appellé , *à pede quod à tranfeuntibus folvatur* ; mais ce n'eft pas le feul nom fous lequel ce Droit eft connu , il l'eft auffi fous le nom de Rouage , Barrage , Leude , Travers , Pontanage , &c.

Nous avons une Declaration du dernier Janvier 1663. (*a*) qui fait divers Reglemens touchant la maniere d'exiger le Droit de Péage ; & des Reglemens fi fages , qu'on peut lui appliquer juftement ces paroles de la Loi 12. *ff. de publicanis & vectigalibus quantæ audaciæ, quantæ temeritatis fint publicanorum factiones nemo eft qui nefciat, id circò prætor ad compefcendam eorum audaciam hoc edictum propofuit* ; Sa Majefté après avoir declaré que l'objét de toutes les Conceffions des Droits n'eft autre chofe que la fûreté & la commodité publique , la liberté & la facilité du Commerce par l'entretien des Chemins , Ponts & Chauffées , ordonne entre autres chofes.

(*a*) Cette Declaration eft rapportée par Bacquet.

1°. Qu'il ne sera permis aux Seigneurs d'établir aucuns nouveaux Péages, ni de rétablir sous pretexte de Titres nouvellement découverts ceux à l'égard desquels il y aura eû interruption, s'ils n'ont préalablement obtenu des Lettres Patentes bien & dûëment enregistrées ès Cours de Parlement ; le tout à peine de confiscation de corps & de biens : Cette necessité d'enregistrer aux Parlemens les Titres en vertu desquels on leve le Péage, confirme ce qui est observé par *Bacquet, Traité des Droits de Justice, Chap. 30. nomb. 26.* que ce Droit est regardé comme Domanial & non point d'Aide ni de subside, & par conséquent que toutes les contestations ausquelles il peut donner lieu, doivent être portées devant les Juges ordinaires, & par appel aux Parlemens, & non point devant les Elûs, où à la Cour des Aydes ; le Roi n'exige pas seulement la necessité de ce Registre pour les Concessions qui seront faites à l'avenir, il l'exige encore pour les Concessions déja faites, & qui auroient pû être adressées à d'autres Cours ou Jurisdictions, les declarant nulles, & de nul effet, si dans trois mois à compter du jour de la publication elles ne sont verifiées & enregistrées aux Parlemens. (*a*)

2°. Que tous les Proprietaires ou possesseurs des Droits de Péage seront tenus de les inscrire en grosse Lettre & bien lisible dans un Tableau d'Airain ou Fer Blanc, qu'ils afficheront au lieu où la levée s'en doit faire, à telle hauteur & endroit qu'ils puissent être lûs ; Sa Majesté déchargeant du payement des Droits, les Marchands, Voituriers, & Passans, toutes les fois que le Tableau ne sera pas exposé ; les Marchands & autres ainsi avertis ne peuvent alleguer ou prétendre cause d'ignorance, & c'est sans doute dans ce sens qu'il faut entendre ces paroles de la Loi *derniere*, §. 7. *ff. de publicanis vestigalibus & commisses non imputari publicano quod non instruxit transgredientem sed illud custodiendum ne decipiat profiteri volentes: Suetone in Caligula, Cap.* 41. parle d'un Empereur Romain qui faisoit veritablement exposer

(*a*) Des formalitez qui doivent preceder le Registre, & de la necessité de l'Enquête, *super commodo vel incommodo*, le Procureur du Roi & les Consuls appellez. *Voyez Bacquet des Droits de Justice, chap.* 36. *nomb.* 28.

des Tableaux dans les Lieux où il étoit dû
un Droit de Péage, mais en des endroits
si élevés, & en des caracteres si peu li-
sibles, qu'il faisoit par-là tomber tous
les Passans dans la contravention.

3°. Que si les Seigneurs Péagers lais-
sent passer dix années de suite sans exposer les Tableaux en la maniere qu'il a
été dit, le Droit sera declaré prescrit,
& tous Marchans, Voituriers, passans,
déchargés d'icelui à perpetuité, sans que
les Seigneurs Péagers puissent être reçûs
en preuve de leur joüissance & possession, qu'en y joignant le fait de l'Affiche
des Tableaux.

On trouve dans le Droit une décision
semblable contre ceux qui ayant obtenu
du Prince le Droit de Foire ou de Marché, ont negligé d'en user pendant dix
années, *nundinis impetratis à Principè
non utendo qui meruit decennio tempore,
usum amittis, Leg.* 1.*ff. de nundinis.*

4°. Que si les Seigneurs Péagers ne-
gligent l'entretien des Chemins , Ponts,
& Chaussées, les Trésoriers de France
pourront les y contraindre par la Saisie,
non-seulement des Revenus des Péages,
mais des Revenus encore de leurs Terres

pour y être employez suivant le marché qu'ils en feront, si mieux les Seigneurs n'aiment abandonner leur Droit pour toûjours, ce qu'ils feront tenus de declarer dans le mois.

La sûreté publique est si fort la charge ou la condition sous laquelle sont accordez les Droits de Péage, que suivant la Doctrine de M. *Lebret*, *Traité de la Souveraineté*, *liv.* 2. *chap.* 16. & de *Ferriere sur la Quest.* 413. *de Guy-Pape*, les Seigneurs Péagers sont garans & responsables des Vols qui se font en plein jour, & comme l'on dit entre deux Soleils.

Bacquet, en l'endroit déja cité, N°. 27. agite une Question ; sçavoir, si les Seigneurs Péagers sont tenus aux reparations, à quelque somme qu'elles puissent monter, ou à concurrence seulement de ce qu'ils retirent du Droit de Péage ; mais cette Question est decidée contre les Seigneurs par la Declaration dont nous parlons, le Roi ne leur donnant qu'un mois à compter de la publication pour faire l'abandon des Droits : il est évident que tous ceux qui n'ont pas abandonné n'y seroient plus reçûs aujourd'hui, & par conséquent qu'ils sont tenus indéfiniment à tout ce qu'il faut pour les reparations ou pour l'entretien, &c.

Si les Marchands ou Voituriers entreprennent de paffer fans payer les Droits de Péage legitimement établis, la peine de la contravention eft la confifcation des Marchandifes, & non-feulement de celles qui font fujettes au Droit, mais de celles-là encore qui en font exemptes ; *Leg.* 11. §. 2. *ff. de publicanis*, *Lebret de la Souveraineté*, liv. 2. chap. 16. & fi les Seigneurs Péagers exigent ou font exiger de plus forts Droits que ceux qui font compris dans la Conceffion faite par le Roi, la peine de la Conceffion fuivant l'Article 138. de l'Ordonnance d'Orleans, & l'Article VI. de la Declaration de 1663. eft la privation du Droit contre les Seigneurs, & la punition corporelle contre les Fermiers ou Prépofés.

On comprend affez, par ce que nous avons dit, que le Titre en vertu duquel on exige des Droits de Péage, ne peut être autre que la Conceffion du Roi ; mais on demande fi cette Conceffion n'eft pas prefumée par une poffeffion immemoriale, & fi cette préfomption ne

difpenfe

dispense pas le Seigneur de remettre le Titre originaire ; *Bacquet au chap.* 30. *des Droits de Justice*, N°. 23. prétend que la possession immémoriale fait présumer le Titre, ou pour mieux dire qu'elle doit elle même tenir lieu de Titre, *Argum. Legis hoc jure*, §. *ductus aquæ*, *ff. de aquá quotidiana & æstiva* ; & c'est ainsi en effet que semble le décider l'Ordonnance de Blois, lors qu'elle dit en l'Article 282. ,, Abolissons & interdisons tous Péages ,, qui ne sont fondés en Titre & en pos- ,, session legitime : ,, Cependant M. *Castellan*, *liv.* 3. *chap.* 37. rapporte un Arrêt qui jugea précisément le contraire : un Arrêt qui jugea que la possession immemoriale ne pouvoit être regardée comme un Titre, ni comme une présomption de Titre ; & qu'en un mot il falloit necessairement représenter le Titre même, c'est-à-dire, la Concession faite originairement par le Roi. (*a*)

(*a*) Voyez la Declaration du mois d'Avril 1683. rapportée en la premiere Partie, Chap. des Rivieres.

S

CHAPITRE X.

Du Droit de Taille.

LE Droit dont nous parlons en ce Chapitre, n'eſt dû ni au Seigneur Féodal par la nature du Bail à Fief, ni au Seigneur Directe par la nature du Bail à Cens ; mais ils peuvent l'exiger l'un & l'autre s'ils ſont fondés en Titre ; & voici comment & en quels cas.

Lorſque les Titres marquent nommement les cas dans leſquels les Vaſſaux ou les Cenſitaires ſont Taillables, les Arrêts ont jugé qu'il falloit s'y conformer ; M. *Dolive au liv. 2. chap. 6.* en rapporte un rendu au profit du Seigneur de Corbiere, qui par ſes Titres avoit le Droit de Taille en ſept cas differens ; ſçavoir, en cas de ſes Nôces, des Couches de ſa Femme, de Mariage de ſes Filles, de Guerre, de Captivité, de voyage d'Outre-mer, & d'acquiſition de nouvelles Terres.

Mais ſi les Titres ne marquent pas nommement les cas, alors on reſtraint

le Droit du Seigneur aux quatre cas ordinaires, qui font le Mariage des Filles
du Seigneur, le rachat du Seigneur fait
prisonnier par les Ennemis, le voyage
d'Outre-mer, & la Chevalerie du Seigneur ; & les Arrêts font cette reftriction
lors même que les Titres donnent au
Seigneur un pouvoir abfolu & arbitraire ;
M. *de Catellan*, *liv.* 3. *chap.* 16. en rapporte un rendu contre un Seigneur, qui
par fes Titres pouvoit exiger la Taille *ad*
omnimodam voluntatem.

Il dépend du Seigneur de fixer dans
le Bail le Droit de Taille à une certaine
fomme ; mais en défaut de ftipulation,
tous nos Auteurs conviennent qu'il doit
être reglé au doublement du Cens ou
de la Rente ordinaire. (*a*)

Le premier cas que nous avons dit
être le Mariage des Filles du Seigneur
donne lieu à quelques Queftions. 1°. Si
le Seigneur a droit de lever la Taille
pour le Mariage de toutes fes Filles, ou
feulement pour le Mariage de fa Fille
Aînée. 2°. Si la Taille eft dûë lorfque

(*a*) *Quid*, fi dans les Titres il eft dit que le Droit de
Taille fera reglé, le cas écheant par l'avis des Prud'hommes. *Voyez Catellan*, *Liv.* 3. *Chap. dernier.*

S ij

les Filles du Seigneur font Profeſſion Re-
ligieuſe. 3°. Si le Seigneur peut exiger le
Droit pour le Mariage de ſes Filles natu-
relles. 4°. Si le Seigneur peut exiger le
Droit pour le Mariage de ſes Sœurs auſſi-
bien que de ſes Filles.

Sur la premiere Queſtion, je croi
qu'il faut concilier les differens ſentimens
des Auteurs, par la diſtiction que fait
M. *Boiſſieu*, *Traité de l'Uſage des Fiefs*,
chap. 49. où les Titres du Seigneur portent que la Taille ſera payée pour le Mariage des Filles *pro Filiabus maritandis*,
& en ce cas point de difficulté que la
Taille ne ſoit dûë au Mariage de chaque
Fille, où les Titres portent que la Taille
ſera payée pour le Mariage de la Fille
du Seigneur *pro Filia maritanda* ; & en
ce cas la Taille ne peut être exigée qu'une
fois. Du reſte, tous les Auteurs conviennent que le Droit n'eſt dû qu'au premier
Mariage de la Fille, ou des Filles du
Seigneur, parce que, comme il eſt dit
en la *Loi* 89. §. 1. *ff. de verborum ſig-
niff. hoc ſermone dum nupta erit primæ
nuptiæ intelliguntur* ; *Dolive*, *liv*. 2.
chap. 7. *nouvelle addition*.

Sur la deuxiéme Queſtion, je ne ſçaurois approuver l'extenfion qu'ont voulu faire quelques Auteurs, & *Ferriere* entre autres, *fur la Queft.* 57. *de Guy-Pape*, du Mariage des Filles à la Profeffion Religieufe regardée comme un Mariage fpirituel, *Monafticam vitam profitenti*, dit Argentré fur l'Art. 87. de la Coûtume de Bretagne, *non idem juris quamvis multa hoc in genere communiter fcholæ foleant & argumentari à Matrimonio carnali ad Matrimonium fpirituale, ineptâ tranfitione & futilibus argumentis, &c.* En matiere fi peu favorable, il ne faut admettre aucune fiction ; & comme dit la Loi *verba propriè & ftrictè non fictè intelligenda funt, Leg.* 3. §. *hæc verba, ff. de negot. geftis ; Boiffieu, chap.* 49.

Sur la troifiéme Queftion, il ne peut être penfé qu'un Seigneur en ftipulant le Droit de Taille pour le Mariage de fes Filles, ait en vûë des Filles autres que celles qui naîtroient d'un Mariage legitime ; & comment dit *Corafius in Centuria, cap.* 44. *Boiffieu, ibidem,* le Seigneur pourroit-il exiger ce Droit pour le Mariage d'une Fille Bâtarde, *cum nec ei dotem conftituere fummo jure fit obftrictus ?*

S iij

Sur la quatriéme & derniere Question, il faut s'en tenir à la distinction
que fait M. *Dolive en sa nouvelle Addition sur le chap. 7. du liv. 2.* sçavoir,
que le Seigneur peut exiger la Taille
pour le Mariage de ses Sœurs, si la Terre
lui est échûë du chef de son pere, &
non point s'il l'a acquise d'ailleurs.

Le second cas, qui est celui du rachat
du Seigneur fait Prisonnier par les Ennemis, ne peut guere avoir lieu depuis
que le rachat des Prisonniers de Guerre
se fait par des échanges, ou que la Ran-
çon se paye par le Roi ; quoi qu'en dise
Ferriere sur la Quest. 57. *de Guy-Pape*,
je doute fort qu'on permit l'exaction de
la Taille, lorsqu'il n'en coûte absolument rien au Seigneur ; *Boissieu en l'endroit déja cité, chap.* 49. rapporte la disposition de plusieurs Coûtumes qui ne
permettent au Seigneur d'exiger le Droit
dans le cas dont nous parlons, que lorsqu'il a été pris par les Ennemis, en faisant le Service dû au Roi à raison de
son Fief.

Le troisiéme cas ; sçavoir, le voyage
d'Outre-Mer, doit être entendu, non-seu-
lemeht comme quelques Auteurs l'ont

crû, & *Coquille* entre autres *en ses Ques-*
tions, *chap.* 314. du voyage que l'on
fait pour chasser les Infidéles de la Terre
Sainte ; mais du voyage encore que l'on
fait en ces Lieux par devotion ; *Boissieu*,
ibidem.

Le quatriéme cas, qui regarde la Chevalerie du Seigneur n'a lieu, suivant l'o-
pinion commune, que pour le premier,
ou pour le plus Noble des Ordres de
Chevalerie que nous reconnoissons en
France ; sçavoir, l'Ordre du Saint-Es-
prit : *M. Boissieu* décide que l'Ordre de
Malthe, & celui de Saint Lazare, ne
peuvent servir de prétexte au Seigneur
pour exiger la Taille, & les raisons dont
il se sert sont communes à l'Ordre Militaire de Saint Loüis.

Plusieurs Auteurs (*a*) décident que
le Seigneur peut acquerir le Droit de
Taille aux quatre cas, par une possession
immemoriale ; & ce qu'il y a de bizarre,
c'est qu'ils décident aussi que le Droit
une fois acquis au Seigneur est imprescriptible ; c'est-à-dire, que ceux qui s'y

(*a*) *Dolive*, *Liv.* 2. *Chap.* 6. *& 7. Ferriere sur*
la Quest. de Guy-Pape ; *Henrys*, *Tom. II.* ubi fusè de
hac materia.

font une fois affujettis, ne peuvent acquerir la liberté & la décharge par le
défaut de preftation ; (*a*) fi le Droit de
Taille acquis au Seigneur n'eft fujet à
aucune prefcription, c'eft fans doute
parce qu'on les met au nombre des Droits
ou des Devoirs Seigneuriaux ; & fi on
le regarde comme un Droit ou un Devoir Seigneurial, comment le Seigneur
peut-il l'acquerir fans Titre & par la feule
poffeffion ?

CHAPITRE XI.

Des Corvées.

ON entend par Corvées, fes jour-
nées, Manœuvres, & Charois,
que les Seigneurs font en droit d'exiger,
mais qu'ils ne peuvent exiger fans Titres
les Corvées non plus que la Taille, n'é-
tant point dûës par la nature du Bail à
Fief ou à Cens.
M. de *Catellan au liv.* 3. *chap.* 16.

(*a*) *Catellan, liv.* 3. *chap.* 16. Cet Auteur remarque, qu'outre la raifon que nous difons ici, il y en
a encore une autre prife de ce que c'eft un droit de
faculté.

rapporte un Arrêt qui décida la plûpart des difficultez qui peuvent se presenter sur cette matiere ; car il jugea, 1°. que lorsque les Habitans pour les Titres du Seigneur sont Corveables à merci, (a) les Corvées doivent être reduites à douze par an pour chaque Habitant ; ce qui dans la comparaison que l'on fait communement des Corvées à ces charges ou Services que les Patrons exigeoient de leurs affranchis, paroît très-conforme à la disposition du Droit en la *Loi* 30. *ff. de operis libertorum*, où est dit, *si libertus ita juraverit, dare se quot operas Patronus sit, non aliter ratum fore arbitrium Patroni quam si æquum arbitratus sit* ; une promesse de cette nature ajoûte le Jurisconsulte, une promesse de servir le Patron à sa volonté & à sa discretion, devant être présumée faite par les Affranchis, *non quia vel immodicè obligari velint, sed quia sperant Patronum rectè arbitraturum* ; *Dolive,* liv. 2. chap. 32. 2°. Que le Seigneur doit avertir les Habitans deux jours auparavant : qu'il doit les nourrir, & leur laisser le pouvoir & la liberté de retour-

(a) Les mêmes Questions sont jugées par l'Arrêt rapporté par Laroche des Droits Seigneuriaux, Chap. 3.

ner tous les foirs chez eux ; la plûpart
des Coûtumes difposent autrement pour
ce qui regarde la nourriture , & on en
peut juger par cette Regle propofée par
M. *Loifel en fes Inftitutions Coûtumieres,
liv. 6. Tit. 6. Art. IX.* ,, (*a*) Corvées
,, fe doivent faire aux dépens de ceux
,, qui les doivent , finon que l'on retien-
,, ne les Debiteurs d'icelles pour le len-
,, demain , auquel cas on les doit gifter
,, & nourrir : ,, 3°. Que le Seigneur ne
peut demander les arrerages des Corvées que depuis l'introduction de l'inftance , (*b*) ce qui , en fuivant toûjours
la comparaifon des Affranchis & des
Corveables , fe trouve encore conforme
à la difpofition du Droit ; car comme il
eft dit en la *Loi 22. ff. de operis libertorum opera in hoc à cæteris rebus differunt
ut non committatur earum ftipulatio nifi
cum popocerit Patronus, nec libertus præftiterit, abfurdum enim effet credere alio*

(*a*) Les Coûtumes conformes au Droit en la Loi *fuo
victu, ff. de operis libert.* où il eft dit , *fuo victu libertum operas præftare debere : Voyez Ferriere , Queft.* 217.
de Guy Pape.

(*a*) Ce que dit la *Loi* 13. *ff. de operis libertum operas præteritas venire in judicium & peti poffe* , doit être
entendu des Corvées ;dûës depuis l'introduction de
l'Inftance,

die deberi officium quam quo is vellet cui praestandum est, ou comme dit encore plus précisement une autre Loi, *opera tantùm incipiunt cedere posteà quam fuerint indicta*, *Leg.* 13. *ff. cod.* 4⁹. Que le Seigneur ne peut convertir les Corvées en argent, & cela sans doute par la même raison qui oblige le Jurisconsulte à décider en la *Loi 9.* §. 1. au même Titre de *operis libertorum*, que le Patron ne peut ceder à un tiers les Services que lui doivent les Affranchis, *officiales opera cuiquam deberi non possunt quàm Patrono*; c'est au Seigneur personnellement que les Habitans doivent les Corvées; & ce n'est que pour les besoins du Seigneur que les Corvées peuvent être exigées, si le Seigneur n'a besoin ni de Manœuvres ni des Charois, il ne peut ni les ceder, ni les convertir en argent.

La Regle souffre une exception pour les Corvées dûës dans les Terres du Domaine du Roi ; car comme les Fermiers du Domaine ne peuvent guere avoir besoin des Charois, & des Manœuvres en espece, *Henrys, Tom. I.* il a été fait divers Reglemens au Conseil, qui ont obligé les Habitans à payer ;

sçavoir 20. f. pour charroi, & 5. f. par chaque Manœuvre ; & à cette exception on peut en ajoûter encore une autre ; sçavoir, lorsqu'il s'agit des Corvées dûës depuis l'introduction de l'Instance ; car, comme il est dit en la *Loi 6. de operis libertorum*, au Cod. *si cum indictæ fuissent operæ à Patrono non fuerint præstitæ obsequii non præstiti æstimatio ad pecuniæ exactionem convertitur.*

Les Corvées sont communement réelles, c'est-à-dire, dûës à raison des fonds & heritages que l'on possede ; & par là aucun Tenancier de quelque qualité ou condition qu'il soit ne peut en être dispensé : les Nobles & les Ecclesiastiques ne sont exempts que des Corvées personnelles ; *Voyez Loisel* en l'endroit déja cité, *nomb.* 8. *Bretonier* en ses Notes sur *Henrys*, *Tom. I. liv.* 3. *chap.* 3. *Quest.* 33.

Ferriere qui sur la *Quest.* 57. de *Guy-Pape*, décide, comme nous avons vû dans le Chapitre précedent, que le Seigneur peut acquerir par une possession immemoriale le Droit de Taille aux quatre cas, décide la même chose sur la *Quest.* 217. touchant les Corvées, *Domini non possunt exigere has Corvasas nisi promissa*

fint vel longa poffeffione quæfita ; mais
outre les raifons pour lefquelles nous
avons dit que le Droit de Taille ne nous
paroiffoit pas pouvoir être acquis par
prefcription, il y en a encore deux particulieres aux Corvées ; la pemiere, prife
de l'Ordonnance de Blois, laquelle en
l'Art. 283. veut qu'on regarde comme
Concuffion l'axaction qui fe fait des Corvées fans Titre légitime ; la feconde,
prife de la difpofition du Droit, qui dé-
fend aux Patrons d'exiger des Affranchis, d'autres Devoirs ou fervices que
ceux qui ont été expreffement refervés
lors de l'Affranchiffement, *operis non im-
pofitis manumiffus etiam fi ex fua voluntate aliquo tempore eas præftiterit, compelli
ad præftandas quas non promifit non poteft,* &c. M. *Dolive*, rapportant au *liv.*
4. *chap.* 32. un Arrêt qui condamna les
Habitans de certain Village à payer les
Corvées, quoique le Seigneur ne les
eût point exigées de tems immemorial,
infinuë affez que la chofe doit être reciproque ; c'eft-à-dire, que le Droit de
Corvées eft tel qu'on ne peut ni l'acquerir ni le perdre par la prefcription ;
Heurys, Tom. I.

L'Arrêt rendu le 22. Mars 1713. eſt la premiere Chambre des Enquêtes, au Rapport de Mr. de Rochemontels, ſemble avoir préjugé que le Droit de Corvées peut s'acquerir & ſe perdre par la preſcription centenaire.

C'eſt Arrêt interloqua & ordonna qu'avant dire droit le Seigneur de Roquefeuil prouveroit que lui & ſes Auteurs avoient joüi de ce Droit depuis un tems immemorial, ſauf à la Communauté & Habitans de ce lieu à prouver le contraire. Il eſt vrai que le Seigneur de Roquefeuil rapportoit une Sentence du Senéchal de Beziers de 1341. qui maintenoit ſes Auteurs dans ce Droit, & qu'en regardant cette Sentence comme un Titre, l'Arrêt auroit jugé ſeulement que le Droit de Corvées peut être perdu par la preſcription.

CHAPITRE XII.

De la Bannalité.

LA Bannalité peut être mise au nombre des Droits Seigneuriaux, mais de ces Droits pour lesquels il faut necessairement un Titre ; car comme dit *Brodeau sur Loüet, Lettre M. Chap.* 17. *nom.* 5. la Bannalité n'est point un Droit Féodal, Seigneurial, ordinaire, & universel, mais extraordinaire, exhorbitant, & contre la nature des Fiefs.

On entend par Bannalité le Droit qu'a un Seigneur d'obliger les Habitans de se servir de son Moulin, de son Four, ou de son Pressoir, & ce Droit est ainsi appellé suivant l'observation de *Bacquet, Chap.* 29. *nomb.* 38. du mot *Ban*, qui signifie *publication* avec injonction sur quelque peine.

Il faut, disons-nous, necessairement un Titre pour établir la Bannalité ; mais il est remarquable que la possession même trentenaire fait présumer ce Titre en un cas ; sçavoir, lorsqu'après la prohi-

bition faite par le Seigneur d'aller à un
autre Four, à un autre Moulin, ou à
un autre Preſſoir que le ſien, les Habitans ont obéï ſans aucune contradiction;
hors de ce cas, la poſſeſſion, quelque
longue qu'elle ſoit, ne peut tenir lieu de
Titre, ni le faire préſumer; & *Ferriere*
en donne la raiſon, c'eſt, dit cet Auteur, ſur la *Queſt. 298. de Guy-Pape*,
que la Bannalité eſt un Droit negatif ou
prohibitif, & que *in juribus negativis
quæ in prohibendo conſiſtunt, ut quis poſ-
ſideat & poſſidere poſſit, neceſſe eſt ut pro-
hibitio interveniat illius qui ſibi jus competere contendit & patientia ejus cui pro-
hibitio facta eſt.* (a)

Il faut pour acquerir la Bannalité par
la poſſeſſion, que cette poſſeſſion ſoit
précedée de la prohibition du Seigneur.
En eſt-il de même de la liberté de Bannalité, je veux dire ſi les Habitans peuvent acquerir par la ſeule poſſeſſion
l'exemption du Droit de Bannalité; ou
s'il faut que cette poſſeſſion des Habitans ſoit précedée d'une conteſtation de
leur part, qui faſſe une intervention de

(a) *Bacquet des Droits de Juſtice*, Chap. 29. nomb.
28.

poſſeſſion?

poſſeſſion, tous nos Auteurs, *Catellan*, *liv. 3. chap.* 44. conviennent qu'en ce dernier cas la poſſeſſion ſeule ſuffit, & qu'il ne faut ni contradiction ni conteſtation anterieure, la Bannalité regardée par-là comme un Droit plus odieux ou moins favorable que les autres Devoirs Seigneuriaux, à l'égard deſquels la preſcription, comme nous l'avons obſervé ailleurs, n'acquiert jamais l'exemption, s'il n'y a eu interverſion de poſſeſſion.

Le Titre du Seigneur pour la Bannalité, n'eſt autre qu'un Acte ou Contrat, par lequel les Habitans dûëment aſſemblés ſans aucune impreſſion de force ou de violence, & pour cauſe juſte & légitime s'obligent à moudre au Moulin du Seigneur, & à cuire à ſon Four & non ailleurs : *Bacquet du Droit de Juſtice*, *chap.* 29. *nomb.* 12, 13 & 14. décide qu'il ſuffit d'avoir le conſentement des deux tiers des Habitans ; & cependant le raiſonnement qu'il fait conduit aſſez à une déciſion contraire ; car enfin, s'il eſt vrai, comme dit cet Auteur, que dans les affaires qui intereſſent tous les Habitans d'une Communauté, & chacun d'eux en particulier, *plures ut ſingus*

T

los, il faille neceſſairement le conſentement de tous, *ita ut uno contradicente*,
nihil agatur ; & que c'eſt ſeulement dans
les affaires qui intereſſent la Communauté en general, *plures ut univerſos*,
où le conſentement de la plus grande
partie des intereſſés oblige les autres, il
faut conclure que pour établir la Bannalité, tous les Habitans doivent y con-
ſentir, parce que ce Droit intereſſe conſ-
tamment les Habitans *ut ſingulos non ut
univerſos* ; (a) chaque Habitant en particulier étant aſſujetti par la Bannalité à
une eſpece de ſervitude, d'autant plus
odieuſe qu'elle regarde la perſonne plûtôt
que le fonds.

Les Curés des Lieux aſſujettis à la Bannalité ont prétendu être exempts de ce
Droit, & leur prétention paroît aſſez fondée par les raiſons que rapporte *Bacquet* au
lieu déja cité, *nomb.* 36.

Ceux qui ont des fonds dans une
Communauté où la Bannalité eſt établie,
ſont-ils aſſujettis à ce Droit, quoiqu'ils

_____

(a) *Loüet*, *Lettre M. Chap.* 17. *nomb.* 9. décide que ſi
tous les Habitans n'ont pas conſenti à la Bannalité, l'Acte n'oblige que ceux qui ont donné leur conſentement,
les autres demeurant libres, &c.

ayent leur domicile, & qu'ils faſſent leur réſidence ailleurs ? il faut ſur cette queſ-tion diſtinguer la Bannalité du Four, ou du Moulin, de la Bannalité du Preſ-ſoir ; les Forains ne ſont point obligés d'aller au Four, ou Moulin Banal, mais ils ne peuvent ſe diſpenſer d'envoyer au Preſſoir Bannal la Vendange recuëillie dans l'étenduë de la Juriſdiction ; *Laro-che, chap.* 16. *Art. III.* rapporte un Ar-rêt rendu en faveur des Forains au ſujet du Four ou Moulin, & *Carondas* en ſes Pendectes, *liv.* 2. *chap.* 16. *Deſpeyſſes, Tom. III.* en rapporte un contraire au ſujet du Preſſoir.

Les Habitans ſujets à la Bannalité du Four ou du Moulin, ont la liberté d'a-cheter hors de la Juriſdiction le Pain qui leur eſt néceſſaire ; mais c'eſt toû-jours ſauf le Droit du Seigneur ; c'eſt-à-dire, qu'ils ſont obligés de payer au Seigneur ou à ſes Fermiers les mêmes Droits qu'ils payeroient en ſe ſervant du Four ou du Moulin Bannal. (*a*)

Quoique le Seigneur, & le Seigneur même Haut-Juſticier ne puiſſe en cette qualité rendre Bannal ſon Four, ſon

(*a*) *Laroche* en l'endroit cité, *Chap.* 16. *Art. III.*

T ij

Moulin ou son Pressoir, il a pourtant
cet avantage que ses justiciables ne peuvent sans son consentement s'assujettir à
la Bannalité du Four ou du Moulin
d'un autre Seigneur ; *Brodeau sur Loüet,
Lettre M. chap.* 17. *N°.* 8. rapporte des
Arrêts qui l'ont jugé ainsi ; & cet Auteur ajoûte, que la Bannalité étant une
fois établie en faveur d'un Seigneur Justicier, autre que celui dont la Communauté est Justiciable, les Habitans qui com-
posent cette Communauté peuvent être
appellez pour tout ce qui concerne la
Bannalité devant le Juge du Seigneur
à qui ce Droit appartient, sans pouvoir
être vendiquez par leur veritable Seigneur.

Par la disposition de la plûpart des
Coûtumes, les Habitans sujets à la Ba-
nalité peuvent, après avoir attendu vingt-
quatre heures, aller impunement ailleurs
faire moudre leur bled, ou cuire leur pain,
,, *En* Moulins Bannaux (dit *M. Loysel en
,, ses Institutions, liv.* 2. *Tit.* 2. *Nomb.* 32.
,, *& 33.*) qui premier vient, premier en-
,, graine ; mais après avoir attendu vingt-
,, quatre heures, qui ne peut à l'un s'en
,, aille à l'autre.

CHAPITRE XIII.

Du Contrat Emphitéotique.

L'Empereur Juſtinien au Titre des Inſ-
tituts de *Locatione & conductione*,
parle de l'Emphitéoſe comme d'un Contrat qui tient également du loüage & de
la vente ; & auquel par cette raiſon les
Loix ont donné un nom propre & particulier, *talis contractus, qui à quibuſdam
locatio, à quibuſdam venditio exiſtimaba-
tur lex zenoniana lata eſt quæ Emphiteuſeos
contractus propriam ſtatuit naturam neque
ad locationem neque ad venditionem incli-
nantem ſed ſuis pactionibus faciendam.*

Emphiteuſis eſt un mot Grec qui ſignifie *meliorer, planter & hanter, intitio,
inplantatio* ; parce qu'en effet, une des
conditions de l'Emphitéoſe eſt que l'Emphiteote cultivera, reparera, & ame-
liorera le fonds. *M. Cujas* a ſi fort regardé cette condition de meliorer & de reparer comme eſſentielle au Contrat Emphitéotique, qu'il a cru qu'on ne pouvoit
bailler à ce Titre que les fonds deſerts ou

incultes. *Emphiteuseos*, dit-il, en ses Pa-
ratitres sur le Titre du Code *de jure Em-
phiteutica est Contractus quæ Dominus fundi sui deserti fortè & squallidi usum &
usumfructum plenissimum, & quasi domi-
nium alteri concedit ea lege ut inserendo,
plantando arando, pliendo, colendo, me-
liorem eum & pretiosorem faciat, proque
eo pendat pretium seu vectigal annuum;* mais
dans l'usage il est indifferent pour la va-
lidité de cette espece de Contrat que le
fonds soit en bon ou en mauvais état ;
l'obligation de l'Emphitéote n'est autre que
de ne pas le déteriorer.

Il est de la nature du Contrat Emphiteotique, *L. 1. Cod. de jure Emphit.* que
par la perte totale du fonds l'Emphitéote
est déchargé de la rente à laquelle il est
assujetti, *si quidem tanta emerserit clades
quæ ipsius rei faciat interitum hoc non em-
phiteuticario sed rei Domino imputetur ;* &
que si la perte au contraire n'est que d'une
partie du fonds, l'Emphitéote doit la sup-
porter sans aucune diminution de la rente, *sin verò particulare vel aliud leve con-
tigerit damnum ex quo non ipsa rei pœnitus
lædatur substantia hoc Emphiteuticarius suis
partibus non dubitet adscribendum : si periè*

res tota liberatus Emphiteuta ſi verò pro parte nulla liberabitur parte, on l'obſerve de même à l'égard du Bail à Cens ; & il n'y a qu'une exception à la Regle, c'eſt celle dont parle *Dumoulin & Deſpeyſſes, Tom. III.* ſçavoir, s'il a été dit en la tradition du fonds qui ſeroit payé, par exemple, tant d'argent ou tant de bled pour chaque arpent, ou pour chaque féterée de terre, la rente alors devant être diminuée à proportion de la diminution du fonds.

L'Emphitéote qui laiſſe paſſer trois années ſans payer la rente & les autres Charges du fonds peut-être dépoſſedé ſans autre formalité, & ne peut demander aucun rembourſement des méliorations ou reparations par lui faites, *L. 2. Cod. de jure Emphiteut. ſi per totum triennium neque pecunias ſolverit, neque apochas Domino tributorum reddideris licere eum à prædiis Emphiteuticariis repellere nulla ei allegatione nomine meliorationis apponenda ;* mais c'eſt ce que nous obſervons auſſi peu dans l'Emphiteoſe que dans le Bail à Fief ; dans le cas même ou la peine auroit été expreſſément ſtipulée dans le Bail, on la regarderoit toûjours comme comminatoire ; & quand on ne la regarderoit

T iv

pas comme telle, & que toute esperancé de purger la demeure seroit interdite à l'Emphiteote, on ne pourroit jamais le dépoffeder que par les voyes ordinaires de la Juftice. *Voyez ce qui a été obfervé au Chapitre VII. de cette troifiéme Partie.*

Le fonds Emphitéotique tombe en commife par la vente qu'en fait l'Emphitéote fans le confentement du Seigneur ; mais afin qu'il ne foit pas au pouvoir du Seigneur d'empêcher l'Emphitéote de vendre, Juftinien, *L. 3. Cod. de Jure Emphiteut.* prend ce temperamment que deux mois avant de faire la vente l'Emphitéote doit la dénoncer au Seigneur, & en dénoncer auffi le prix & les conditions ; que pendant ces deux mois le Seigneur, peut déliberer s'il lui convient de conferver le fonds au même prix & aux mêmes conditions, auquel cas la préference lui doit être accordée ; & que fi le Seigneur laiffe paffer le délai fans expliquer autrement fes intentions fur la préference, la vente alors puiffe être valablement faite, & qu'elle foit irrevocable, *fin autem duorum menfium fpatium fuerit emerfum & Dominus noluerit tantam præftare quantitatem quantam ipfe re verâ Em-*

phiteutia ab alio recipere potest, licentia Emphiteutæ detur ubi voluerit, & sine consensu Domini meliorationes suas vendere, &c. Rien de tout cela n'est aujourd'hui en usage parmi nous, l'Emhiteote peut vendre quand bon lui semble, sans être tenu de faire aucune dénonciation au Seigneur ; & dans le Contrat Emphiteotique, ainsi que dans le Bail à Cens, le Seigneur n'a d'autre avantage que celui de pouvoir retraire le fonds vendu en payant ou en remboursant le prix à l'Acquereur.

Le Seigneur qui ne veut pas user de la préférence que les Loix lui donnent, ne peut se dispenser d'investir le nouvel Acquereur ; & il ne peut exiger pour le prix de l'investiture que la cinquantiéme partie du prix de la vente, *L. 3. Cod de jure Emphiteut. & nè avaritia tanti Domini magnam molem pecuniarum super hoc efflagitent, non amplius eis liceat nisi quinquagesimam pretii vel æstimationis loci qui ad aliam personam transfertur accipere, &c.* Toutes les Coûtumes du Royaume se sont bien conformées à la disposition du Droit, en ce qu'il permet au Seigneur d'exiger des Lods de toute mutation qui se fait par vente, mais elles s'en font éloigées en ce qui regarde la fixation de ce droit, n'y en ayant aucune qui l'ait reglé, soit pour l'emphitéose, soit pour le Bail à Cens à un si bas pied que celui de la cinquantiéme partie du prix.

On comprend par ce que nous venons de dire, que l'Emphiteose & le Bail à Cens ne different presque que de nom, *Dolive en ses Notes sur le C. 24. du L. 2. Censtus*, dit Dumoulin, *est contractus qui habet nomen à lege consuetudinaria, ut Emphiteusis à Lege communi & scripta sed in utroque contrectu videlicèt censu & Emphiteusi Dominum directum à concedente retinetur*; on pourroit ajoûter ce que nous avons observé ailleurs, qu'on ne peut bailler à Cens qu'un fonds que l'on possede noblement ; au lieu que pour bailler un fonds à titre d'Emphiteose, il suffit de le posseder en Franc-Aleu, & independant de toute Seigneurie directe, quoique d'ailleurs Rural & sujet au payement des Tailles ; la roture n'ayant rien d'incompatible avec l'allodialité & l'independance ; mais à cela près, la ressemblance de ces deux Contrats ne peut être plus parfaite ; & je ne suis point surpris que nos

Auteurs les confondent si souvent l'un avec l'autre en se servant de Bail à Cens, & de Bail Emphiteotique, comme de deux expressions synonimes.

Je sçai bien qu'on a prétendu que quelques Droits dûs pour la nature du Bail à Cens, ne l'étoient pas par la nature du Bail Emphiteotique, *M. Boissieu, Traité de l'usage des Fiefs, chap.* 21. le décide ainsi à l'égard de la Prélation ou Retrait ; mais cette décision ne paroît fondée sur aucune raison solide ; & cet Auteur, d'ailleurs semble la retracter au Chapitre 83. où il dit après Dumoulin " que quoi-
,, que l'Emphiteose & le Cens soient dif-
,, ferens dans leur origine, & par la na-
,, ture des biens que l'on donne par l'un
,, & l'autre de ces Contrats, *tamen eadem*
,, *analogia est, nec est jus diversum* ; la
,, Prélation, ainsi que les Lods, est un
,, Droit inherant à la Seignerie directe,
quæ à concedente retinetur, une préference qu'on ne peut envier à celui des mains de qui les biens sont sortis ; & qui doit l'être d'autant moins dans l'Emphiteose, que c'est vraisemblablement de ce que les Loix ont ordonné pour cette espece de Contrat, que les Coûtumes ont pris occa-

fion d'introduire le Retrait dans le Bail à Fief ou à Cens. *Voyez Dolive en fes Notes fur le ch. 25. du liv. 2.*

CHAPITRE XIV.

Du Bail à Locatairie perpetuelle.

LE Bail à Locatairie perpetuelle differe du Contrat Emphiteotique, en ce que pour donner un fonds à titre d'Emphiteofe, il faut en avoir la pleine proprieté ; c'eft-à-dire, le poffeder allodialement & indépendamment de toute Seigneurie directe ; au lieu que pour bailler à titre de Locatairie perpetuelle, il fuffit d'avoir la dominité utile. On ne regarde point ce Contrat comme tranflatif de proprieté ; & par cette raifon les Arrêts rapportez par *M. Dolive, liv. 2. ch.* 18. ont jugé qu'il n'en étoit dû aucun Droit de Lods : ce n'eft proprement qu'un cizaillement de la Dominité en deux parties, dont l'une demeure à titre de proprieté à celui qui donne le fonds, & l'autre paffe à Titre d'ufufruit fur la tête du Locataire.

Il n'eſt point dû des Lods, diſons-nous d'un Bail à Locatairie perpetuelle ; mais cette déciſion, ſuivant la remarque de *M. Catellan*, *liv.* 3. *ch.* 17. doit être entenduë dans le cas où il n'y a point d'argent reçû ; le Poſſeſſeur d'un Fonds emphiteotique le baille à Locatairie ſous une rente annuelle ; & le Locataire paye pour droit d'entrée une certaine ſomme ; il eſt juſte qu'à concurrence de cette ſomme les Lods ſoient payez au Seigneur directe.

Une rente annuelle reſervée ſur un Fonds emphiteotique par le Bail à Locatairie perpetuelle diminuë ſans doute la valeur du fonds, & par conſequent les Lods dûs au Seigneur à chaque mutation qui ſe fait par vente ; mais à cet égard, le Seigneur eſt aſſez dédommagé par les Lods qu'on lui adjuge non-ſeulement de la vente du fonds, mais de la rente reſervée par l'Emphiteote. Le Poſſeſſeur d'un Fonds emphiteotique le baille ſous une rente annuelle à Locatairie perpetuelle, les Lods ſeront adjugez au Seigneur de la vente que fera le Locataire du fonds ſujet à la rente ; & ils lui ſeront adjugez auſſi de la vente que fera l'Emphiteote de la rente annuelle qu'il s'eſt reſervée par le Bail ; *Dolive, liv. 2. ch. 15.*

Un Emphiteote peut charger les fonds d'une rente annuelle en le baillant à Locatairie perpetuelle ; mais peut-il le charger auſſi d'une Rente ou Penſion Obituaire ? Il ſemble d'abord que non, parce que toute Rente ou Penſion Obituaire, étant inalienable, & hors du commerce des Hommes, le Seigneur directe ne peut en ce cas, comme il le peut dans l'autre, eſperer d'être dédommagé par les Lods de la Rente venduë ſéparement du Fonds. Cependant les Arrêts ont jugé le contraire : les Arrêts ont jugé que le Poſſeſſeur d'un Fonds emphiteotique pouvoit le charger d'une Rente Obituaire ; & que le Seigneur directe n'étoit pas perſonne legitime pour s'y oppoſer ; mais ils ont condamné en même-tems l'Emphiteote à payer une indemnité au Seigneur pour la moins valuë du fonds, le tout ſuivant l'eſtimation renvoyée à des Experts, *Dolive, liv. 2. chap. 14.*

Nos Auteurs parlent d'une troiſiéme eſpece de Contrat qu'ils appellent *Libellaire*, & auquel ils donnent ce nom toutes les fois que les Parties y mêlent des

Claufes ou des Conventions qui ne tiennent ni du Contrat Emphiteotique, ni du
Bail à Locatairie pepetuelle, ou qui tiennent également de l'un & de l'autre ;
mais pourquoi imaginer un nouveau Contrat, ou donner au Contrat Emphiteotique un nouveau nom, puifque l'Empereur *Juftinien* au Titre des Inftitutes de
locatione & conductione, veut que l'Emphi-
theofe foit fufceptible de toutes les Conventions qu'il plaît aux Parties d'inferer
& ordonne qu'elles foient executées ? *Ac
fi naturalis effet Contractus*, ou fuivant la
correction que quelques Interprêtes ont
voulu faire, *ac fi natura talis effet Contractus.* Voyez *Catellan, liv. 3. ch.* 41. in
fine.

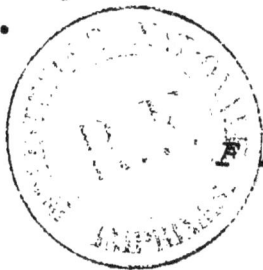

F I N.

TABLE

DES MATIERES

Contenuës au preſent Traité.

A

V

TABLE

TABLE

DES MATIERES.

V iv

TABLE

TABLE

DES MATIERES.

D

TABLE

DES MATIERES.

TABLE

F

F

X

TABLE

DES MATIERES.

iij

X iij

DES MATIERES.

TABLE

P

PATRON, doit avoir dans l'Eglise les Litres & Ceintures funebres au-deſſus de celles du Seigneur Juſticier, quand il eſt en concours avec lui, 79

DES MATIERES.

Y

DES MATIERES.

V

Fin de la Table des Matieres.

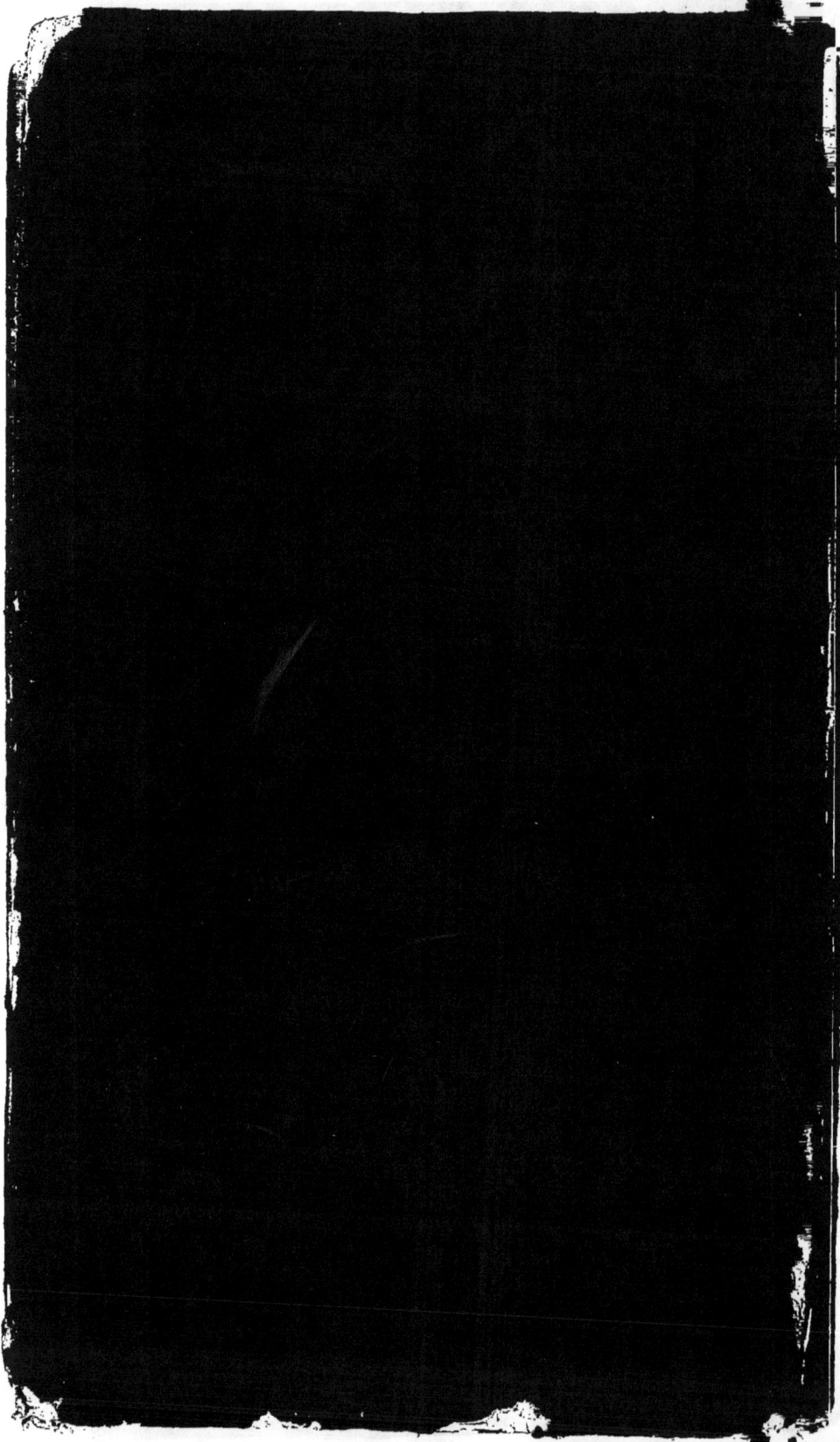